これからの人生と生理を考える

伊藤華英

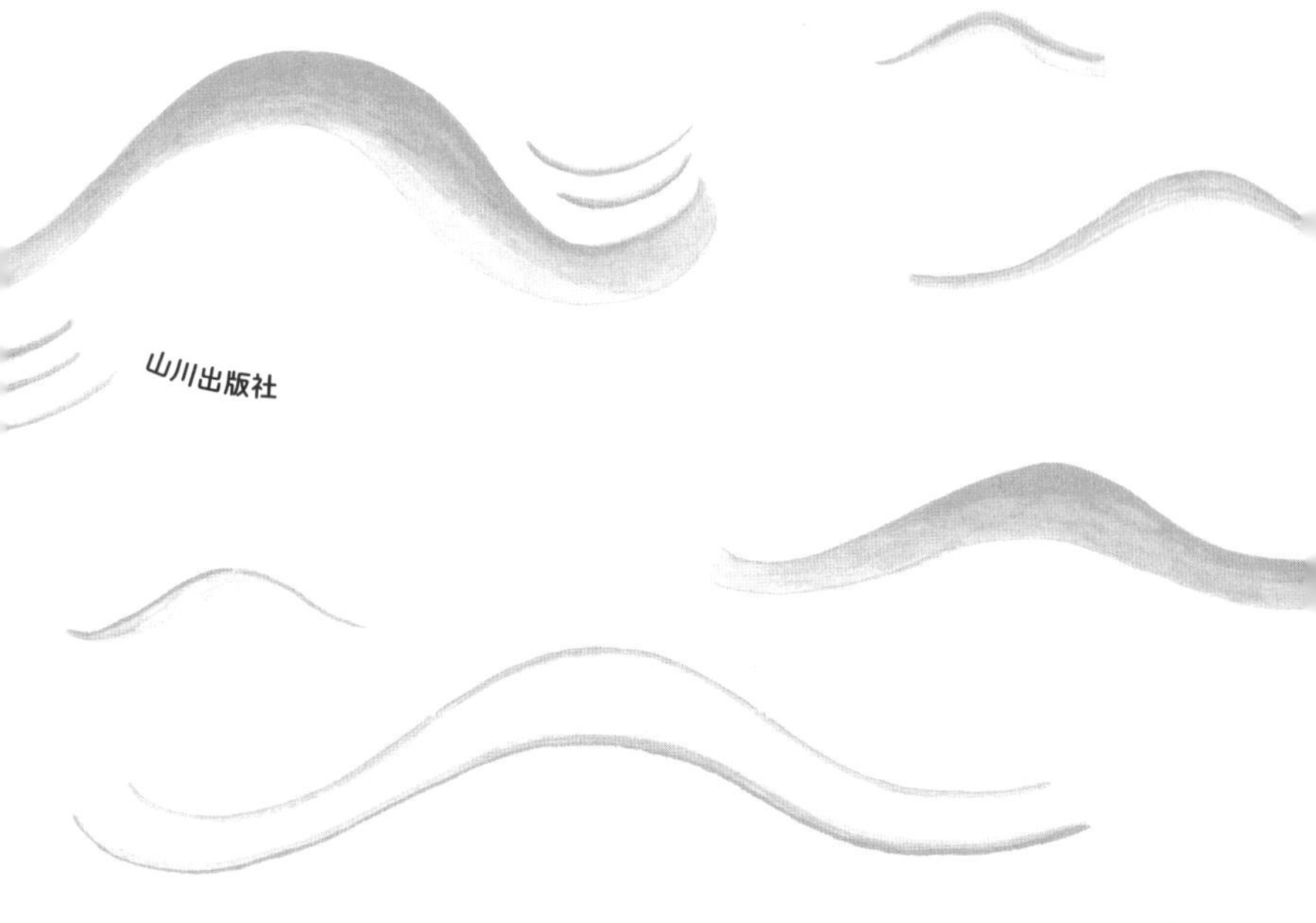

山川出版社

はじめに

「生理」について「話す」時代が来るとは思っていませんでした。

この本を手にとってくださったみなさんは、生理について考えたことはありますでしょうか。

きっと多くの方が抱いているイメージは、10代のある時に初経がきてから、約1カ月に1回規則的にやってくるもの。また、それは女性にとっては日常的なこと。私も同じように、10代の頃は何の疑問ももたずに生理とつきあってきました。

そして、生理について、生理の症状について、「話す」ということが選択肢にありませんでした。なぜなら、「話さなくていい」ことだったから。

あくまで個人的なことであって、他の人には言わないものであると無意識のうちに思っていたのです。

そんな私は今、産婦人科の先生方や学校の先生や学生をはじめ、企業や自治体、政府のみなさんと、生理について対話する機会が多くあります。

これまでの自身の経験から、10代の若い女性が安心して相談できる、信頼のおける場所をつくる必要性を感じ、２０２１年に仲間と共に立ち上げた「１２５２プロジェクト」。この取り組みを通じて、生理とスポーツの課題に医学的・専門的知見をもって向き合う、教育・情報発信活動をおこなっています。


さて、「生理」についてなぜ「話す」ようになったかというと、２０１６年のリオデジャネイロオリンピックに出場した競泳中国代表選手の発言を聞いたからでした。

「生理で調子が悪く、チームメイトに迷惑をかけた」

今でこそトップアスリートの世界では、生理について話しやすい環境に変わっていこうという意識になってきていますが、その当時に生理を理由にコンディショニングがうまくいかなかったと話す姿に大きな衝撃を受けたのです。


この発言の後に、雑誌のコラムを執筆する機会がありました。私はそこで初めて自分の生理にまつわる症状や考えを共有したのですが、その記事には驚くほどたくさんの反響がありました。

「そんなことがあるんですね」「知らなかった」「実は私も悩んでいます」

このような声から、女性であっても生理のことを正しく知らない現実を目の当たりにしたのです。

その時、私はこんな風に思いました。

今まで話すことすらなかった生理の話、話そうとも思っていなかった生理の話――。もしかしたら、「対話をする」ことによって、生理の課題がもっとはっきりと見えてくるかもしれないと。

しかし、「なんとかしたい」と思い立ったものの、私一人ではとても解決に向けて進んでいくことはできません。多くの方に届けることはもちろん、一人ひとりの考え方や症状が異なるだけに、やはり繊細な課題だと思いました。

まず、私は知ることから始めました。

そして、知識や学びを深める中で、もう一つのキーワードにたどり着きました。

それは、生理は「人生」にもコミットメントしているということ。

女性は初経（日本人の平均12歳）から閉経（平均50歳）まで、人生の多くの時間を生理と共に歩んでいます。また、女性ホルモンによって今の健康が保たれており、将来の健康にもつながっています。

自分の身体のことを知り、自分の意思で自分に合った対処法を選択する。アスリートであればパフォーマンス向上が期待できます。学生も働く女性も、大事な場面で最大限のパフォーマンスを発揮するために必要です。

このような自分なりの選択や決断を積み重ねることが、これからの人生をつくっていくと思っています。

決断一つにしても、正しい知識を理解して決めるのと、理解しないで決めるのとでは違ってくると思いませんか。


さらに、ここでお伝えしておきたいのは、生理は女性だけの課題ではないということです。

1252プロジェクトで出会うスポーツの指導現場でも、学校や会社などさまざまな取り組みの中でも、男性と女性は共に協力し合っています。

実際には指導者や上司には男性が多い中で、生理について知らない、知らないほうがよいと思っているとしたら、果たして女性は相談したいと思えるでしょうか。もちろん、女性同士でも同じことがいえます。

できることなら、お互いが正しい知識をもって思いやり、歩み寄る姿勢を大切にしていきたいですよね。

今、社会において「当たり前」であることが、誰かにとって我慢になっていることがある。それらの中には自分だけでは解決が難しいことも多く、周囲の理解が必要であると感じます。

ですが同時に、多くの人たちがより良い社会に向けて変わろうと歩み始めています。

この本では、私の競泳人生を振り返ることから始まり、今の自分につながる「メンタルタフネス」の学び、そして「これからの人生と生理を考える」ための考え方や行動のヒントをお話しししていきます。

一番の願いは、みなさんがこの選択をしてよかった、スポーツをやっていてよかったと心から思えるようになってほしいということ。そのためにこれからお話しすることが少しでも役立つことがあれば、これほど嬉しいことはありません。

それでは、みなさんで一緒に解決に向けた一歩を踏みだしていきましょう。

目次

1章

水泳が教えてくれた自分らしさと生理の大切さ

オリンピックの記憶

２００８年８月12日、中国・北京の国家水泳センター。私は初めてのオリンピックの大舞台に立っていた。８年越しでようやくつかんだチャンス……。ついにこの日が来たんだ。

オリンピックで決勝に進める選手はたったの８人。私は得意の１００メートル背泳ぎで予選、準決勝を突破した。絶好調、というには少し不安もある。しかも日本で開催される大会ならば決勝は夕方だが、北京オリンピックの決勝は午前中だ。

ハナエ、イトウ。ジャパン。

名前がコールされスタート台に上がる。日本の応援団が観戦スタンドから旗を振って応援してくれている。

いよいよだ。緊張と興奮、でも冷静に。準備はしてきたし、練習も積んできた。大丈夫、いつも通りに泳げばいい。プールに入り、一度潜ってから息を吐き、スタート台の縁を握る。

Take your marks!

静まり返った場内に、スタート準備をうながす合図が響く。スタート位置につき、静止して全神経を研ぎ澄ます。

ピッ

合図と共にスタートした。バサロキックをして、前へ前へと泳ぐ。両手と両足を必死に動かし、0・01秒でも速く泳ぎ切る。無我夢中だった。

100メートルを全力で泳ぎ、懸命に腕を伸ばして壁にタッチする。水の中から電光掲示板を見上げる。

順位は8位——。

あー、終わった。

全世界で8位だよ。すごいじゃない。そう言ってくれる人もいますが、オリンピックはアスリートにとってすべてをかけた戦いです。決勝へ進めた、それだけでは満足できない。なぜなら、この日のために数え切れないほどの時間を費やしてきたから。

1分00秒18。

私が泳いだのは、約1分。あっという間です。記録はベストタイムの59秒83にも及ばず。

これが、競技人生の中で一番勝負をかけていた舞台でした。

続く200メートル背泳ぎは準決勝敗退。初めてのオリンピックが終わりました。

悔しかったか。そう聞かれたら迷わず言います。悔しかったです。

もちろん負けたこと、メダルを獲れなかったことも悔しかった。でも、こんなはずじゃなかった……そこには私にとって一生忘れられないある選択がありました。

北京オリンピックから15年が経ちました。今はすでに現役を引退し、その後の講演や子どもたちに向けた授業の中で、私は初めてのオリンピックの話を何度もしてきました。

オリンピック選手です。

いろいろな場所で、そうお伝えすると大半はこんな言葉が返ってきます。

「すごいですね」

たしかに、多くのアスリートにとってオリンピックは大きな目標です。でも「すごいですね」と羨望のまなざしを向けられると、少しくすぐったい。

謙遜ではなく、オリンピックに出るアスリートだからって特別で「すごい」わけではない。すべての人たちが毎日を一生懸命生きていて、何か目標を抱いては、悩んだり、時に苦しんだりしながら進んでいる。決して、特別ではありません。

人はみな同じで、人はみな違う。

年齢、性別、身体。好きなこと、嫌いなこと。他の人と違うことを否定する理由はないし、比べる必要もない。

長所や短所、選んだもの。小さな違いがあるのは当たり前であるにもかかわらず、どうしても誰かと比べてしまいがちです。特にアスリートは目に見える順位やタイムという結果で、試合への出場権がかかってきます。なので、たとえ自分がそのつもりがなくても、人と比べられることがとても多い。

本当ならば白か黒か、こっちが良くてこっちはダメ、とはっきり区別されることなどなく、グレーであってもいいはず。

アスリートは、やるかやらないか、良いか悪いかといったように、0か100など極端な選択肢を考えてしまいがちです。このような考え方のクセは「二分法的思考」と呼ばれていて、アスリートの行動を推し進めることもありますが、その中間を求めたほうが合理的な場合もあります。メンタルトレーニングをする時には、この二分法的思考ではなく中間を考え出す練習をおこなうことがあると、後に学ぶスポーツ心理学で知りました。

たとえば、１００%ばかりではなく63%を目指すこと。さらには数字ではなく、自分ができていることを考えればいいということです。

水泳との出会い

よく、オリンピックに出場した競泳元日本代表選手という肩書だけで、「アスリートだから負けず嫌いでしょ」「勝負の世界に生きてきた人だから辛抱強い」と言われます。しかし、実際の自分はどうかといえば、むしろその真逆に近いかもしれません。

そもそも水泳を始めたのは生後6カ月。きっかけは、生まれて間もない頃から抱えていた喘息《ぜんそく》で、少しでも改善するならという理由で始めました。始めたとはいっても、2歳まではベビースイミングで親子で一緒にプカプカ浮いているくらい。親に聞いた話ですが、最初のうちはなかなか顔を水につけることができなかったようで、ずっと上を向いて泳いでいたそう。それが、背泳ぎが得意になるきっかけになったのかもしれません。水に入ること自体が苦ではなく、みんなとプールで遊べることが楽しかった。

健康のためにスタートした水泳でしたが、頑張ることが好きな性格もプラスになって、小学1年生から選手コースに入り、3年生で初めて全国大会に出場しました。当時から「ベストを尽くす」が私のモットー。どんなレースも一生懸命頑張って、一生懸命泳ぐ。その結果、優勝することもあったのですが、私はただ「頑張る」ことが好きだっただけで「勝つ」ことが好きだったわけではありません。そのせいか、人と比べられることが本当に苦手でした。

実は幼い頃には、こんなこともありました。

地域の大会に出場した時、ダントツで1位だったにもかかわらず、途中からわざとゆっくり泳いだのです。あえて2位になった。頑張って泳いだ結果の1位なのだからそのままでいいのに、ぶっちぎりの1位でゴールしてしまうのが怖かった。もちろん周りからはお見通しで、とても怒られましたが……。

オリンピックに出場するアスリートで、しかも個人競技の選手と聞けば、たいていは負けず嫌いと想像されますが、このように子どもの頃はみんなで仲良く頑張りたいというタイプでした。そもそも自分が一番になれるなんて、少しも考えていません。

水泳を離れた学校生活も同様です。時には授業中に手を挙げて発言したり、飲めない子の分まで牛乳を飲んだりすることはありました。けれど、休み時間には率先して外で遊んで、クラスを引っ張るリーダーだったかと言われればまるで違う。むしろみんなと外で遊びたくないなあ、と周りと比べてどこか冷めていました。

小学生の頃から全国大会に出場していることもあり、コーチからは「お前は他の選手と違うから、将来はすごい選手になるぞ」と言われても「へー」と聞き流すだけ。将来自分がすごい選手になれるなんて、願ったことも考えたこともない。今思えば、アスリートに向いているとはお世辞にも言えない性格でした。

「勝ちたい」は相手へのリスペクト

速く泳ぐことはできても、心の底から「勝ちたい」「一番になりたい」とは思えず悶々としていた私とは異なり、ストレートに「絶対に負けないからね！」と言葉にできる選手もいます。これは本当に素晴らしいことですし、「負けたくない！」というモチベーションは自分の目標を達成する原動力にもなります。ライバルと呼ばれた選手の中にもこれが言える選手はたくさんいました。

このように「負けない」と口に出したり、表情に出したりする人が大半で、変わっていたのは私のほうです。小学生の頃のほとんどは、ただ頑張って泳げばいい、そう思っていました。中学3年時にメドレーリレーで全国優勝し、個人競技でも決勝に行くところまではまだよかった。しかし、全体のレベルが上がる高校生になる頃には、「勝ちたい」と思えない自分の性格に人知れず悩んでいました。周りの選手に対して情けないという気持ちのほうが大きかったかもしれません。

どうして私は「勝ちたい」と思えないのだろう。むしろ、心の底から「勝ちたい」と思えないのは、選手として良くないのではないか。

泳ぐのが好きで、頑張るのも好き。平日は朝練と午後練、土日は練習だけでなく試合もあって、おまけに塾にも通っている。小学生の頃からなかなかハードな生活を送ってきたと思います。そんな厳しい練習の甲斐あってタイムは伸び、どんどん周りを追い抜いていくのに対し、心の中の「勝ちたい」が全然追いついてこなかった。

実は一度、水泳から離れたことがあります。中学受験が近づき、小学5年生の頃に

「水泳と勉強の両立はできない」と判断したのです。親も無理に止めることはせず、私の意志を尊重してくれました。なので、選手コースはいったん終わり——。

ところが、進学した中学校では部活動をしなければならず、友人に誘われ軽い気持ちで水泳部に入ったところ飛躍的にタイムが伸びた。

しばらくプールから離れていたのがよかったのかもしれません。中学3年生で全国大会、高校1年生の春には、国内の競泳大会で最も大きな日本選手権に出場することになったのです。その大会はシドニーオリンピックの選考会でもありました。

日本選手権初出場で100メートル背泳ぎ、200メートル背泳ぎで決勝に進出。200メートルの決勝で力を出し切ったあとに体調を崩してしまい、代表には選ばれなかったものの、初めての日本選手権で、しかもオリンピック選考会で決勝に行けたのは上出来です。その時点の実力は「出し切った！」と言えると思います。

そんな当時の私はというと、選考会ってこんなに緊張感があってレベルも高いんだ！　と、無邪気な感想を抱いていたくらい。あまりこの場所の意味を考えていなかった、というのが正直なところです。

自分の心持ちとは裏腹に、周りからは注目を浴びることになります。かつて、

1992年のバルセロナオリンピックで、当時14歳だった岩崎恭子さんが金メダルを獲得したように、当時の競泳は10代でも世界王者になれるかもしれない競技だったからです。

高校生になる頃には泳ぐたびに記録を伸ばし、日本代表に選ばれて国際大会にも出場するようになりました。高校1年生からは自宅から離れたセントラルスポーツが練習拠点になり、寮生活がスタート。大きな大会があれば、事前合宿も含めて数カ月日本にいないこともありました。競技者として期待をかけてもらい、貴重な経験をさせてもらえることは本当に幸せなことだったのですが、この時だってまだ「勝ちたい」という気持ちになれていなかったのです。「勝たなければならない」というのが本当の気持ちでした。

もっといえば、当時の私に「夢は何か」と聞かれたら「オリンピックに出場してメダルを獲りたい」ではなく、こう答えたはずです。

「私は、獣医さんになりたいです」

もともと動物が好きだったこともあり、実は小学校から中学校の頃にはこんな将来も思い描いていました。高校を卒業したら獣医になるための勉強がしたいと。「まずは土から調べないと！　そのためには農業大学もありかな」なんて、いろいろ調べてみては夢をふくらませていました。

しかし、人生とは不思議なもの。一生懸命泳いできたというだけの競泳に導かれ、アスリートとして歩むことが私の進む道になっていた。これまでの出会いや縁に感謝して大切にしたい、この時そう思いました。とはいえ、なかなか「勝ちたい」と思えない自分に何ができるのか。たどりついた結論は、

「今のベストを尽くす」


では、どうすればベストを出せるのか。かつてのように泳ぐたびに劇的にタイムが縮められるわけでもない。この頃の私は、身体とこころのバランスを保つのが難しい時期で、特に「こころ」のあり方を変えることが必要でした。

そもそも「この人に負けたくない」「あの大会で勝ちたい」と思うことがモチベーションではない以上、自分のベストを尽くすためには、内面から「私はこういう人になりたい」「私はこういう感情でありたい」と思えなければ、とても頑張れません。もっと稼ぎたい、もっと有名になりたい、オリンピックでメダリストになったらこんな車

が欲しい……。こういう外的要素（外発的動機）をモチベーションにできることが本当にうらやましかった。

一番になる、一番になりたいという覚悟がなかなか芽生えず、悶々としていた私に、転機は突如訪れます。

2004年4月、19歳の時にその年の夏におこなわれるアテネオリンピックの出場権を逃すことになりました。そのとき、予想外の結果への驚きや落胆が交錯する中で、私が今まで感じたことのなかった思いが自分の中から込み上げてきたのです。

オリンピックに行きたい——。

競泳には自由形、バタフライ、背泳ぎ、平泳ぎ、個人メドレーという5泳法があり、それぞれ短距離や長距離に分かれオリンピックで実施される種目が決まります。たとえば、私が専門とした背泳ぎでは、100メートル背泳ぎと200メートル背泳ぎの2種目のみがオリンピック種目です。そして、日本代表として出場権を得るためには、日本水泳連盟が設定した派遣標準記録を破り、なおかつ選考会の決勝において上位2

名以内に入らなければなりません。派遣標準記録自体が、オリンピックで決勝進出につながるような高水準であるため、突破するだけでも大変なこと。しかもタイムだけでなく「2位以内」という明確な設定が加わることで、自分とタイムだけでなく、相手とも戦わなければならない。

それまでは周りから「負けない」と言われても、周囲をライバルと思えず、「勝ちたい」と思うことすらできずにいた私も、オリンピックに出るためにはこの壁を破らなければなりません。

アテネオリンピックに出られなかった現実を目の当たりにして初めて、私に戦うための「覚悟」が芽生えました。そして、ベストを尽くすことは共に戦うライバルへのリスペクトであり、競泳という競技そのものへの誠意であると痛感しました。そのためにも「勝ちたい」と思うことは自然なことで、むしろ心からそう願って積極的に勝ちにいかなければいけないのだと。

次の北京オリンピックまでの4年間。大げさではなく、地球1周分くらいは泳いだと言っても過言ではないほど、ひたすら必死に泳ぎ続けました。そして、アテネへ向かうまでの道のりとは異なり、北京オリンピックを目指す頃からは「勝ちたい」「オリンピックに出たい」と言葉にするようにしました。

ありがたいことに周りからのサポートや期待も大きかったですし、自分はそれに応えなければならない立場だと思っていたのも、後押しになったのかもしれません。

試合前のアスリートが準備すること

アスリートが大事な試合に臨む時、集中力が極限に達した状態を「ゾーンに入る」と表現することがあります。スポーツ心理学の研究では「ゾーン」を「自らの動作が超人技に見えてくる心理的スペース」ととらえています[*1]。

私にとって北京オリンピックの選考をかけた08年4月の日本選手権はまさにそうだったと思います。選手にとっても、取材をするメディアの方々にとってもオリンピック選考会は4年に一度のビッグイベントです。シドニーオリンピックの選考を兼ねた日本選手権やアテネオリンピックの選考会と同様、相当ピリピリとした緊張感が漂う。

レース後におこなわれる、プールの横にあるミックスゾーンでの取材には「こんなにいたんだ」と驚くほどたくさんの記者が、私たち選手の話を聞きにやってきます。

今でこそ、たくさんの記者がいたと言っていますが、実はこの時にそれほど多くの方に取材されていた、と知ったのはずっと後になってからです。当時の写真をたまま見せてもらう機会があり、取材を受ける自分の周りにつめかけた報道陣の姿を見て「こんなに来てくれていたんだ」と驚いた。それぐらい、レースのことだけに集中していました。

オリンピックは4年に一度。しかも、誰にでも出場するチャンスがあるわけではありません。04年のアテネの出場が叶わなかった私にとって、北京オリンピックは8年分の思いと厳しい練習を積み重ねて臨んだ大会でした。

当時の日本競泳界は本当にハイレベルでした。選考会を突破してオリンピックに出場すれば、本番でも十分メダルが狙えると言われていました。裏を返せば、日本代表になるのはそれだけ困難だということ。試合に向けて練習を重ね、栄養バランスのとれた食事にも気を遣い、体調を万全に整えてきた私も、試合が始まるとほとんど食事が喉を通らなくなり、朝食は一口二口入るかどうか、という状態です。エネルギーや栄養分を補給するためのゼリー飲料ぐらいしか摂取できなかったので、大会期間中はどんどん痩せていく。

アスリートは、常に良いコンディションで競技に向き合い、日々パフォーマンスを上げるために、トレーニングによる身体面・技術面・精神面だけでなく、栄養（食事）・休養（睡眠）によるコンディショニングをおこなっています。

しかし、オリンピックのような極限の緊張状態の舞台に、ベストコンディションで臨むのは簡単なことではありませんでした。

選考会は6日間。私が出場する100メートルや200メートルは予選、準決勝、決勝と3本のレースを泳ぐのですが、競技種目によっては1日目に予選、決勝と続けてあるため代表選手が決まることもあります。自分のベストを出し切って出場権を得られる選手もいれば、力を出し切れずに敗れていく選手もいる。もっといえば、ベストタイムを出し記録を更新したにもかかわらず、2位以内に入れなければ、たとえほんのわずかな差であっても出場権を逃してしまう。これほど残酷なまでに明暗が分かれる大会は他にありません。

一緒に練習をしてきた選手や、普段から仲が良い選手。結果が気になるのは当然です。そこで、いかに集中して自分だけに意識を向けられるか。負けて涙する選手を見てしまうと、オリンピックに手が届かなかった4年前の悪夢が目の前によみがえってくるのです。

自分のレースに集中するんだ。

周囲を遮断して、自分に集中する。経験したことのない非日常の空間で、いつもならありえないことも起こりました。決勝の前日、先輩選手から「ここが勝負だから、自分が一番になるイメージトレーニングをしろ」と言われた時、「よし、やってみよう」と思ったのです。あれほど「勝ちたい」という思いになれずに悩んでいた私が、勝つ自分を想像する。しかも、人の意見を素直に受け入れるタイプではないけれど、疑うことなく言われたとおりにイメージトレーニングをする。相当緊張感が高まり、集中していた時のことでした。

できるのは、ベストを尽くすこと。そして、絶対に3位にならないこと。

今の自分が出せるすべての力を、とただただ必死に泳ぎ切った。結果は、100メートル背泳ぎで59秒83と当時の日本新記録を更新するベストタイムで1位、200メートル背泳ぎも2分9秒41で2位。ついに悲願のオリンピックの出場権をつかむことができました。

選考会を終えた4月から、北京オリンピック本番までは4カ月もありません。当時はレーザー・レーサーという水着が大会前から大きな話題となり、それを着るか着ないかを含め、水の感覚の確認やストローク長、ストロークのテンポや数を調整するなど、事前にさまざまなことを想定して準備しなければならないという焦りもありました。限られた時間の中で、目指すタイムや結果にどれだけ近づくことができるか。

夢に向かった厳しくも充実した練習が続きます。そして、オリンピックとなれば注目度も格段に上がり、取材対応や応援してくださる方々の前での壮行会などがあり、1日1日があっという間に過ぎていく。

オリンピックという悲願の舞台へ向けた、目まぐるしい日々。一つでもやり残すことがないようにと準備を重ねる中、どうしても気がかりなことがありました。


「生理」です。

いつもの月経周期から予測したところ、オリンピックと生理が重なってしまう可能性が非常に高いことがわかったのです。

医学的には月経といわれる生理は、通常約1カ月に一度の間隔で女性の身体に起こります。出血が生じるだけでなく、中には痛みを伴う人や、生理前から不調を感じる人もいます。

後ほど詳しくお話ししますが、人それぞれ周期や期間、症状が異なるものです。

私の場合、13歳で初経が来ました。数年で周期が安定してからは、毎回ほぼ決まった周期で生理が来ていました。また、水泳という水中での競技でもあったことから、競技中はナプキン（ショーツにつけて経血《けいけつ》を吸収させる一番身近な生理用品）ではなく細い筒状のタンポン（膣内に挿入して経血を吸収させる生理用品）を使用していました。しかし、タンポンを使用するといってもどのように使用すればいいのか、小学校や中学校の保健体育の授業で学んだ範囲ではわからなかった。競泳の場合、水着を着て水中に入るので選択肢がそれしかなかったということもありますが、とはいえタンポンに対しての最初のハードルは低くはありませんでした。

量が多い日は、タンポンから経血が漏れてしまったり、周期が安定しないうちは気づいたら生理が始まっていたりということもありました。ですが、隠しようがないし、生理を理由に練習を休みたくない。周期が安定してくると生理とつきあうのも少しずつ慣れてきて、2日目は経血の量が多いけれど3日目からはだいぶ少なくなることがわかりました。

月経随伴症状（生理に伴う精神的・身体的症状）としては、痛み止めを服用するほどではありませんでしたが、腰痛や腹痛がありました。それに加え、17、18歳になる頃にはメンタルの変化や体重の増減、貧血に悩まされていました。

月経周期には女性ホルモンであるエストロゲンとプロゲステロンが関係するため、

心身の状態も周期の中で変化します。特に私は生理前になると疲れやすくなり、また妙にしょっぱいものが食べたくなるなど、いつもと違う変化を感じていました。振り返れば、月経期間中だけでなくその前後も含めて不調になるので、1カ月のうち心身共にベストコンディションと言える状態なのは、私の場合1週間程度しかなかったと思います。

競泳は減量や増量を必要とする競技ではありませんが、0・01秒タイムを縮めるために日々練習を重ねるので、些細な変化に対しても敏感に反応します。

食事量や練習量は変わらないのに体重が増えて、腹筋に力が入らず水をつかむ感覚がしっくりこない。生理前は体重も3キロぐらい増えてしまうし、キックをしてもうまく入らない。うまくいかないことに対して必要以上に落ち込んでしまったり、イライラしたりすることもありました。これについては、自分自身の調子の良し悪しの一つととらえ、あえて深く考えないようにしていました。

普段の練習ならば、それで問題なかった。ただ、オリンピックは特別です。

4年、いや8年をかけてやっとたどり着いた舞台に向けて、何一つ悔いのないように練習を重ねてきました。それなのに、生理になってしまったら……。

そこで私はベストを尽くせるように一つの決断を下しました。

悔いを残さないように――。

結論から言えば、その決断が自分の無知さを突きつけられる結果を生むことになったのです。

オリンピックと生理が重なった時

オリンピック本番へ向けた練習が続く中、生理という不安な要素を残したくなかった私は、コーチとドクターに相談しました。競技日程はわかっているので、そこから逆算して、生理を早めるか、遅らせるか。

さまざまな状況を考えた末、中用量ピル[*2]を服用して生理が大会後に来るように月経周期をコントロールしよう、という決断に至りました。

私はただ「生理をオリンピック本番とずらしたい」という思いで、迫り来る日程もあるため、急いでピルを服用しました。それだけで心身共に楽になり、オリンピックでも自分の力が発揮できると思っていたのです。

結果はどうなったか。

望んだ効果ではなく、逆に副作用に苦しむことになってしまったのです。

身体全体がむくんだ感じで、特にお腹が膨らんでいる感覚が消えない。水をとらえようとつかもうとしても、つかめる感覚がない。針に糸を通すような、正確で狂いのない感覚を突き詰めてきたはずなのですが、求めた感覚からどんどん遠ざかっていく。緊張のため食事の量も減る中、練習は変わらずに続けていましたが、体重は4～5キロも増えてしまった。

とても万全とは言えない状態でしたが、オリンピック本番は刻一刻と迫ってきます。そして大会当日。どうにか今までの感覚を思い出し、自分のベストを尽くすことだけを考えました。今この身体で「やれることをやるしかない」、と言い聞かせながら泳ぎました。結果は冒頭でお伝えした通り、100メートル背泳ぎは8位、200メートル背泳ぎは準決勝敗退――。

競技人生の中で一番勝負をかけていた北京オリンピック。少しでも後悔を残さないように、と悩んだ末の決断でしたが、望んでいたものとは程遠い結果になってしまいました。

ただ、誤解しないでほしいです。

私の後悔は、中用量ピルを服用したことではありません。オリンピックという大事な時に、いわばぶっつけ本番のような状態で、十分な準備もせず、十分な知識もないままピルを服用したことです。中にはあまりピルの副作用の影響を受けない選手もいますし、人それぞれです。

北京オリンピックの時は23歳、すでに10年近く生理とつきあいながら競技生活を続けており、いくらでも生理について知ることや合う対処法を模索することはできたはず。

思えば、生理前はイライラして少し不安な気持ちにもなり、体重が増える。ところが、生理が始まると身体もこころもスッキリしていて調子が良くなる、と感覚的にはわかっていました。ですが、月経周期とコンディションの関係を理解していたわけではありません。生理に対する知識自体が少なかったので、生理をずらすにしても、早めるのか遅らせるのか、どちらが良いか判断できませんでした。もちろん、なぜそうしたいのかという理由をコーチやスタッフに伝えることもできません。自分の身体であるのに、自ら責任を持って判断ができる状態ではなかったと思います。

私の場合、生理前は体重が2〜3キロ増えるけれど、生理が始まると増えた分はすぐに落ちます。そのサイクルだけでもはっきり把握していたら「オリンピック後ではなくて、オリンピック前に生理が来るようにしたい」と考えることができたかもしれません。

もっと自分の身体やコンディションについて知っていたら、生理について知っていたら。

たとえ結果は同じだったとしても、やるべきことをすべてやった、という過程は違っていたはずです。

トップアスリートにとって、競技人生の中で「勝負の時」と言えるのは一度か二度、巡ってくるかこないか。ピークといわれる期間もとても短い。来たる勝負の時に自分が思い描くベストコンディションで臨むために、日々さまざまな練習やトレーニング、食事や休養など、あらゆるすべてをコントロールしながら過ごしています。

女性アスリートにとっては、生理も同じであるはず。泳ぎの感覚と同じように、生理のことをもっと突き詰めて理解していたら、気持ちよく泳ぎ切ることができたかもしれない。ピルに関しても、飲む、飲まない、さらにはいつ飲むのかなどの選択ができたはずです。後ほどお話ししますが、ピルにもさまざまな種類があって、本番前たった3カ月間で自分に合うピルを見つけられるほど、コンディショニングは簡単ではなかったのです。

次のロンドンオリンピックを目指そうと決めた時、大事な場面でベストパフォーマンスを発揮できるようにするため、北京の経験をもとにピルによる調整を徹底していく選択肢もありました。ですが、私はピルを使わない準備を選びました。

私の場合、アスリートとしてのピークはおそらく北京オリンピックの時期でした。04年から08年までの4年間は、常に自身が何かに試されているような感覚で、北京オリンピックがまさに「勝負」だったのです。アスリートにとっての1年はただの1年ではありません。当然、1年経てば身体の年齢も上がります。前の年と同じようなベストの状態で出場できても、同じようにメダルが狙えるかといえばそうではないのです。20歳を過ぎてからの1年、1年は、毎年異なった方法でコンディションを調整して過ごしていました。

「ここは競技人生の頑張りどき」「勝負をかける」と強く意気込んでいた反動もあったのでしょうか。北京オリンピックを終えて3カ月ほどは、力が抜けて異次元にいるような感覚でした。すでにロンドンオリンピックへの旅路は始まっていたのですが、その頃「私はこの4年をかけて、次の人生に向けて何ができるだろう」と考えていました。競泳の成績というよりも、一人の人間として次のステージに向かいたいと思っていたのです。

北京オリンピックの目標は、メダルを獲ること。対してロンドンオリンピックの目標は、悔いなくやったと思えるように、最後まで気持ちよくベストを尽くして泳ぎ切ること。

なぜか。自分はここで必ず引退をすると決めていたからです。

09年に胸椎のヘルニアと膝の脱臼をしたこともあり、ロンドンは背泳ぎから自由形に転向して臨んだオリンピックでした。4年前と同じように厳しい選考会を突破して、迎えた本番。

ロンドンオリンピックの結果は200メートル自由形で1分59秒62、準決勝敗退となり決勝進出はできませんでした。しかし望み通り、悔いなく最後のオリンピックを終えることができました。

そしてもう一つ。実はロンドンオリンピック前にアメリカのカリフォルニア州でおこなわれた、サンタクララ国際大会で自己ベストタイムを出してしまった。それも私らしいなと感じています。

人生とは面白いものだと実感するのはここから。幼い頃からプールと共にある生活を送り、泳いでばかりいた私。しかも当時は「不甲斐ない結果だった」「取り返しがつかない」とさえ思っていた生理とコンディションにまつわる出来事が、自身を思わぬ方向へと導いていくことになるのです。

知っているようで、知らない生理

きっかけは2017年にスポーツ総合誌「Number」のウェブサイトに寄稿した1本のコラムでした。

「女子選手が必ず直面する思春期問題。伊藤華英が語る生理と競技の関係。」というタイトルで、私は自身の経験に重ね、10代の女性アスリートに生じる身体の変化、月経困難症、PMS（月経前症候群）や運動性無月経など、当時は特にタブー視されがちだった生理の話を記しました。

そして文章の最後には、16年のリオデジャネイロオリンピックで、競泳中国代表の傅園慧《フ・ユアンフイ》選手が400メートルリレーの後に「生理中で自分の泳ぎができず、チームメイトに謝った」と発言したことが話題になった、という事実にも触れました。

私もこの発言を聞いた時は驚いたのです。

女性にとって生理は身近な存在であるとはいえ、自分から「私の場合は……」と話すことではないし、ましてや「生理中だったので自分の泳ぎができなかった」など、自分の中で考えることはあっても人前で言う話ではないはず。そもそも私は、「今日の調子はどうですか?」と取材で聞かれるたびに、すべてを細かく話すのではなく、少し曖昧に「調子は良いです」と答えることを常としてきました。理由は簡単、自分の調子を口にする必要はないし、結果がすべての世界なのだから体調が悪くてもそれを言葉にしてしまうこと自体が、言い訳になるような気がしていたからです。

そこに突然「今日は生理だから」と宣言する選手が現れ、しかも理想通りに泳げなかった理由として挙げている。レース後にそこまで言っていいのか、というのが当時の正直な感想でした。ですが、今頑張っている女性アスリートに少しでも役立てても らいたい思いを込めて準備したのが前述のコラムです。

医学的な知識も記事内に書くので、自分で勉強するのはもちろん、婦人科の先生にも専門的見地からアドバイスや指摘をいただきながら書き上げました。そして、よし書けたと、それなりの手ごたえで送り出しました。しかし、その反響には思った以上のものがありました。

アスリートがレース後に、生理での不調がうまくいかない理由だと挙げていた。しかもそのコラムを書いたのも、元アスリートであるということが、想像以上に話題となったのです。

その時、ふと考えました。私は生理についてどれだけのことを知っているだろう。いや、私だけでなく、周りで同じように生理の症状に悩む女性たちにどれだけの理解があるのだろう、と。

振り返れば、国際大会で顔を合わせてきた同年代の海外選手たちは10代の頃からピルを服用している選手も多く[*3]「どうして飲まないの？」と聞かれることもしばしばありました。

でもその時、こう思っていたのです。

「どうして飲まなきゃいけないの？　だって、ピルって避妊をするためのもの[*4]だし、そもそも薬でしょう？」

当時の私の知識は、自分の月経周期がわかっているくらい。いつ排卵するのか、ましてや黄体期《おうたい》、卵胞期《らんぽう》といったことなどまったく知りませんでした。アスリートに限った話ではなく、そもそも日本ではピルの服用率自体も2・9％[*5]と多くない。同じように、ピル＝避妊薬だと考える人も少なくないでしょう。

ピルに限らず、知っているつもりになっていることはまだまだあります。たとえば生理用品もその一つ。運動中はナプキンがいいのか、タンポンがいいのか。

ジャンプする動きや、スライディングなど咄嗟の動きが含まれるバスケットボールやサッカーなどの競技は、ウェア自体に余裕があってショーツラインは見えません。しかし、同じ球技でもバレーボールはウェア自体が身体にフィットするタイプが多く、ショーツラインが出ないように気にかける必要があります。体操競技やフィギュアスケートなども同様です。

吸水性やフィット感、替えやすさを考えるとナプキンにしたい気持ちはある。ですが、生理以外の時はTバックのショーツなどラインが出ないものを着ている場合もあります。ナプキンをつけてしまうとウェアから見えてしまうかもしれない、と競技以外のことにも気を配ることになります。

それ以外にも、長時間の練習でトイレへ行く時間自体も限られてしまえば、経血の漏れも気になる、と悩む気持ちもよくわかります。

では、そのような相談を、日頃から身近にいるコーチにできるか、といえばどうでしょう。「できません」と答える人が多いのではないでしょうか。おそらく生理のために病院に行く、身近なコーチや医師に相談をするという発想はなく、「なんとなくだるいな」「しんどいな」と思っても、自分で何とかするしかないし我慢するしかないと思っている。それらは全部仕方のないことであり、生理があるなら普通のことだと受け入れている……そのような人も多いかもしれません。

それから、生理のことはどこか個人的な話であり、人前で話してはいけないような雰囲気もありますよね。筋肉の張りや関節の軋《きし》みがあれば隠さず言えるのに、生理に関して「お腹が痛い」「身体が重い」と誰に伝えてよいかもわからない。言ったところで「そんなことを言われても」と周りを困らせてしまうだけという心配もわかります。

「相談できない」と「わからない」

「相談できない」という問題の他に、現時点でスポーツの現場ではまだまだ圧倒的に男性指導者が多いということがあります。実際にスポーツ庁のデータを見ると、女性の指導者が27・5パーセントであるのに対し、男性は72・5パーセント。7割を占めています。[*6]

筋力など、身体の構造において男女差はあります。それは、思春期を迎えると顕著に現れます。女性は女性ホルモンによる心身の変化、男性は男性ホルモンによる心身の変化が起こります。ですが、選手のパフォーマンスを高める、求める技術を得るための指導をすることにおいて、本来男女の差はありません。ただし、生理に関して言うならば、ほとんどの女性が自分の身体で経験しているのに対して、男性には生理の経験がありません。

つまり、「わからない」。

これは決して悪いことではなく、当たり前のことです。

お腹が痛い、イライラする、出血量が多い。女性同士ならば何でもない話も、男性が聞くと何を言っているのかわからず、想像すらできないかもしれない。そもそも「わからない」ということを男性指導者が自身でも理解していれば、専門家の指導や診断を受けたほうがいいと婦人科の受診を勧めることもできるでしょう。しかし、「生理は病気ではないんだから」とか、女性ホルモンの影響でイライラしたり、気分が落ち込んでいると言っても「メンタルが弱い」という答えが返ってくる場合もあります。

大前提として「男性と女性は身体が違う」ということ。わかりきっているようで、きちんと理解している人は少ない。違いがあることを知っておくのは、とても大切なことです。

中学生の頃の保健体育の授業を思い出してみましょう。男女の身体の違いや、思春期に生じる変化について学んできましたが、大人になってから振り返ると「覚えていない」ということばかりではないでしょうか。

生理もまさにそう。「月に一度、出血をする」という理解かもしれませんが、なぜそうなるのか。そこにはきちんと理由が存在します。そして、自らの身体で戦うアスリートにとっては「知らなかった」では済まされないこと。まず一人ひとりが知識を持つのが理想ですが、10代の選手を現場で指導する指導者の方々も同じように、生理へのリテラシーを高め、ボトムアップしていくことが大事なのです。

私の現役生活を振り返っても「本当のことを知っておきたかった」と思う気持ちは今でも強くあります。生理前にイライラする、体重が増える。些細な症状かもしれませんが、自分にとっては苦しかったあの症状が、当時は理由も原因もわからず、自分のせいだと思っていました。

でも、そうではなかった。「あなたのせいじゃないんだよ、それはね」と生理のしくみや身体の変化を教えてくれて、違いを示してくれる人が一人でもいてくれたら、心持ちはまったく違ったかもしれない。休んでもいいんだよ。ドーピングに気をつけながら薬を服用してもいいんだよ。病院へ行っていいんだよ。そう言われるだけでどれだけ救われたでしょうか。

現役選手としての日々は終えましたが、「わからない」ということがわかったからこそ、もう一度しっかり学びたい。そして当時の私と同じぐらい「知らない」10代の選手たち、アスリートに限らず多くの女性に知ってほしいし、共有したい。そんな思いが強く沸き起こりました。

時代は変わり、今は女性もスポーツに参画し、男性と同様に働くことが普通の社会になりました。一方で少子化も進み、大げさではなく「誰一人取り残せない」。それぐらいの危機感も覚えています。

自分のことを大事にするために、自分を知り、自分の声で伝えられる女性が増えてほしい。

それが「学びたい」と思ったきっかけです。そして生理を学ぶにつれ、日本はこうだけれど世界はどうなのか……深掘りしていけばいくほど、もっと知りたいと思うことばかり。教育の必要性を実感しています。いわゆる男性、女性という二元論の話ではないこともお伝えしておきましょう。一人ひとりが異なる存在であるからです。性別の違いを乗り越え、人は個を大事にしていく時代でもあると思います。

アスリートの世界も同じです。そもそもピルの普及率が高く[*7]、10代の頃から服用することに対して抵抗のない諸外国の選手と比べ、私も含めた日本人選手は、ピル使用による副作用の心配やコンディションとパフォーマンスへの影響などに不安を感じていました[*8]。でも、その「知っている」「知らない」という差によって、コンディショニングは確実に変わります。

自分のことを大事に。自分の身体を大切に。そのために何をすべきで、何ができるのか。少しでも知識をつけて、多くの人たちに伝えたい。

自分が「伝える」知識を持つためには学ぶこと。生理について。そしてそれを伝える私自身について。学びの旅が始まりました。

＊1　マイケル・マーフィー、レア・A・ホワイト（山田和子訳）『スポーツと超能力―極限で出る不思議な力』日本教文社、１９８４

＊2　中用量ピルは、次回の生理をずらすための薬剤で保険適用がありません。医師と相談の上、使用しましょう。

＊3　能瀬さやか他「Health Management for Female Athletes. Ver.3 ―女性アスリートのための月経対策ハンドブック―」によると、アスリートの低用量ピル使用率について、欧米では２００８年時点で83％のトップアスリートが服用していることが報告されています。一方、日本においては、２０１２年ロンドンオリンピック出場選手１５６名の調査で、使用率は７％でした。

＊4　低用量ピルは、経口避妊薬（ＯＣ）と低用量エストロゲン・プロゲスチン配合薬（ＬＥＰ）を指します。日本では避妊目的で使われる製剤を「ＯＣ」、月経困難症の治療目的で使われる製剤を「ＬＥＰ」と呼んでいます。本書では、主に月経困難症などの月経随伴症状の治療や、継続的な月経調節のための方法として紹介します。

＊5　国連「避妊法２０１９（Contraceptive Use by Method 2019）」

＊6　スポーツ庁「第２期スポーツ基本計画」

＊7　前掲の国連「避妊法２０１９」によると、前述の日本２・９％に対し、欧米諸国は10～30％台となっています。

＊8　能瀬さやか他「Health Management for Female Athletes ―女性アスリートのための月経対策ハンドブック―」独立行政法人日本スポーツ振興センター 国立スポーツ科学センター、２０１６

コラム1

初経が来たらどうしたらいいの？

Q. 周りの友達は初経が来ているのに、まだ生理がありません。

A. 現在、日本人の平均初経年齢は12歳で、遅くても17歳までには98〜100％の女性で初経がみられるとされています。
初経発来にはさまざまな因子が影響しますが、特に身長や体重に関連があるとされています。身長や体重の増加がみられない場合は増加不良の原因を調べる必要があります。
また、まれに生まれつきの子宮、卵巣、膣などの異常で生理がないこともあります。15歳になっても初経がみられない場合は、産婦人科で相談するようにしましょう。

初経平均年齢（一般女性）……… 12.3歳
（トップアスリート）……… 12.9歳
初経遅延……… 15歳以上18歳未満で初経発来がないもの
遅発月経……… 15歳以上18歳未満で初経が来たもの
原発性無月経……… 18歳になっても初経が来ていないもの

Q. 生理用品はたくさん種類があって何を買えばいいのかわかりません。

A. 自分の生活スタイルに合わせて、一番快適に動けるものを選ぶとよいでしょう。
ナプキン：一番身近な生理用品。最近はズレにくいスポーツ用やショーツ型、敏感肌用などさまざまな種類があります。

タンポン：腟内に挿入して経血を吸収するもの。水中競技や、ウェアが汚れやすい競技をする人が使うことが多いです。感染症や処女膜が傷つくのを不安に思う人もいますが適切に使えば問題ありません。

月経カップ：腟内にシリコン製のカップを挿入して経血を溜めるもの。洗って繰り返し使えるため、エコで経済的。

吸水ショーツ：ナプキン不要で、生理の軽い日に快適。タンポンや月経カップと併せて履けば、さらなる漏れを防止できます。

出典：能瀬さやか他「Conditioning Guide for Female Athletes 2」、1252PlayBookほか

2章
学ぶことが 人生の選択肢を広げる力になります

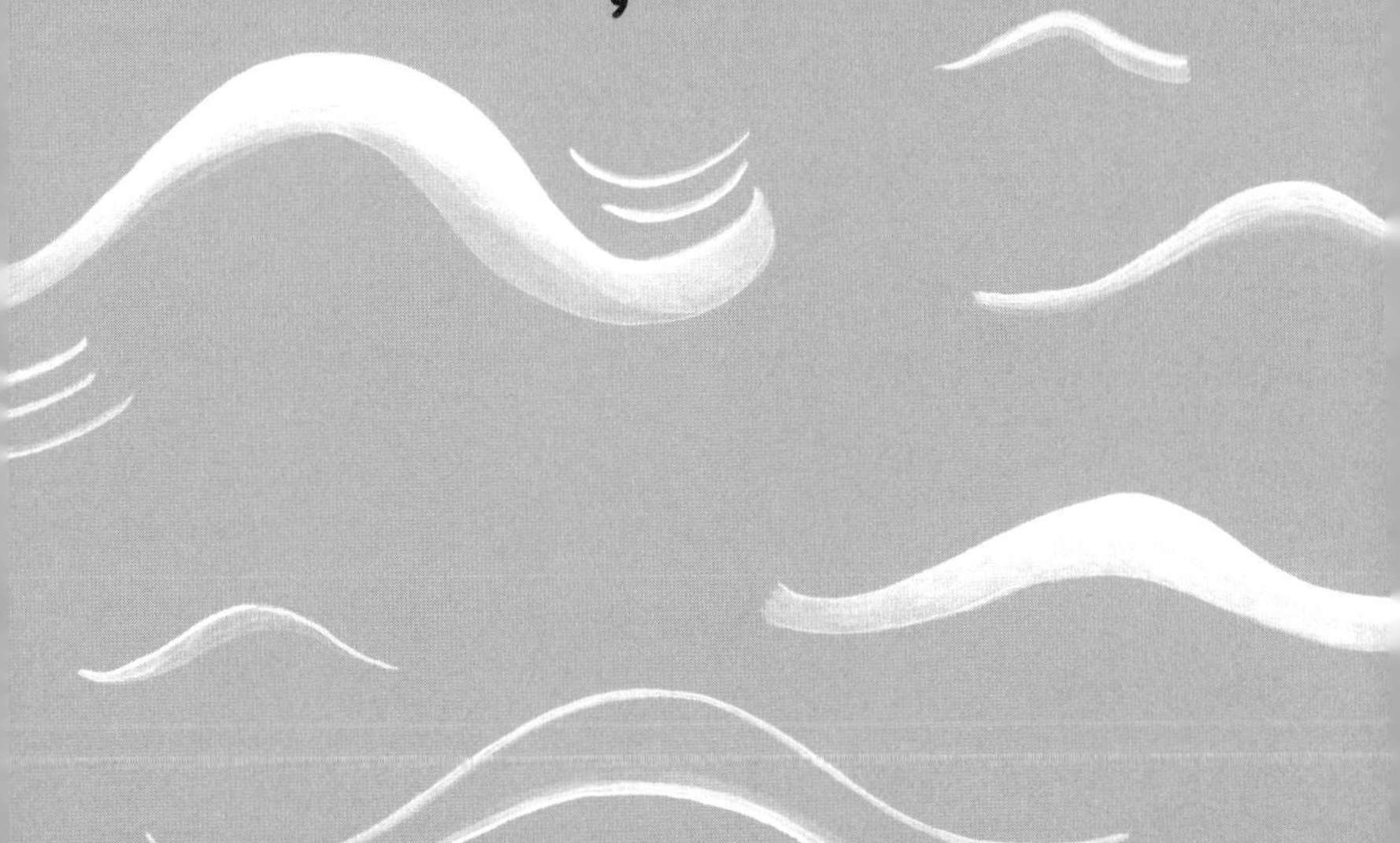

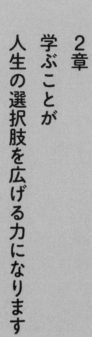

セカンドキャリアのスタート

北京からロンドンまでは、さまざまな分野に視野を広げたり、人の話を聞きに行ったり、競泳だけでないコミュニティを模索はしていたものの、ほぼ競泳一色の日々でした。そのアスリートキャリアを終え、さあどうするか。多くのアスリートにとって、セカンドキャリアは一つの大きな課題でもあります。現在はアスリートキャリアと引退後のキャリアを並行しておこなう、デュアルキャリアという呼び方もされています。

オリンピックを最大のターゲットとする競技の選手は4年周期で自身のキャリア設計をします。08年を終え、12年に向かっていくのか。前章でもお話ししましたが、ロンドンオリンピックを目指すと決めた理由は、自分の中に残された後悔を解消するためです。自ら選んだ競泳選手という一つの人生を、「やりきった」と言える状態で終わりたい、と思ったからでした。

目標通り、ロンドンオリンピックに向けた練習に一つも後悔はありませんでしたし、本番も泳ぎ切れたと言えるレースでした。そして、同じ年の9月におこなわれた岐阜国体で現役生活に区切りをつけ、心の底からすっきりとした最後を迎えられました。

とても幸せな選手生活でした。

とはいえ、当時はまだ27歳。生後6カ月でプールに親しむことから始まった競泳人生。選手としての時代に区切りをつけたら何をするか。セカンドキャリアを考えなければなりません。ぼんやりとは考えていましたが、何より「やりきった」と思えるまで泳ぎ続けてきたので、いざ引退するとなった時に何からどう行動するか、はっきり考えていなかった。

その中で、真っ先に思い浮かんだのはピラティスです。北京オリンピックを終えてから、先輩に勧められピラティスを始めました。最初はウエイトトレーニングや体幹トレーニングなどのハードメニューに比べて、物足りなさを感じていたのですが、09年にケガをして、リハビリと並行してピラティスに取り組む中、「身体の軸」をぶれさせずにいることがどれだけ大切かを身をもって実感しました。

ピラティスはもともと、第一次世界大戦で負傷したドイツ兵のリハビリのために開発されたエクササイズです。姿勢や身体機能が改善されるだけでなく、胸式呼吸と腹式呼吸が交感神経に働きかけ、頭や身体を活性化させる効果があります。姿勢を美しくしたい、ボディラインを整えたいという目的だけでなく、メンタル面への良い影響が期待できる。軸が整えば、身体の姿勢はもちろんこころもぶれないという理論です。

見た目だけではわからない、芯の強さを育むピラティスに私は魅了されました。

そうなれば、多くの人に伝えたい、届けたいと思うようになるのも自然なこと。自分でピラティスをするだけでなく、ピラティスの先生になりたいと思った。何より「元アスリート」以外の肩書が、一つでも早くほしいと思う気持ちもあったので、マットピラティスの指導者資格をとりました。

そして、そのちょっとしたスタートが、また新たな転機へとつながっていきました。

「元アスリート」だけでは役に立たない

ピラティスを学ぶうえで、指導者や資格をとるためのしくみなど、私に広く指導をしてくださったのが田中ウルヴェ京さん。ご自身もシンクロナイズドスイミング（現・アーティスティックスイミング）でソウルオリンピックに出場された元アスリートで、銅メダリストでもあります。引退後は代表コーチを務めた後、アメリカの大学院で心理学を学び、その後博士号を取得されました。アスリートからビジネスパーソン、幅広い対象者に向けてメンタルトレーニングの指導をする第一人者ともいうべき存在です。

私も現役時代に、京さんのメンタルトレーニングの指導を受けていました。そして、いろんな方から大学院で研究してみてはどうかというお誘いをいただいていました。1人だけでなく、複数の人からそう言われるということは、それも何かの導きかもしれない。しかし、大学院ではどんなことを学ぶのかも知らず戸惑っていました。

そこで京さんにどんなことを研究計画書（大学院で何を研究したいかを記載する入学時に必要な書類）に記載したらよいですか？　と相談したところ、「スポーツ心理学は？」そんな助言をいただき、研究計画書にはスポーツ心理学をベースに、パフォーマンスにおける心理的側面のことを中心に記載し、進学を決めました。

人の縁やタイミング、すべてがつながった先で出会ったのが、早稲田大学スポーツ科学学術院の間野義之先生でした。スポーツクラブマネジメントならびに総合型地域スポーツクラブを入り口としたスポーツ政策やスポーツマネジメントを専門とする間野先生のゼミに、アスリートは私一人だけ。

早稲田大学大学院では多くのアスリートたちがコーチングなどを学んでいるのですが、私が選んだゼミではスポーツによるコミュニティづくりにつながる「しくみ」をつくりたいと考える人たちが主です。たとえば、地域の産業や文化を通してスポーツにどう活かすことができるかを考え、政策につなげていくというイメージです。エリートスポーツの価値についての研究ももちろんありましたが、どうすればスポーツ実施率を上げることができるかなど、ピラミッドの頂点だけでなく大きなピラミッドのベース（土台）としてのスポーツを考える。

ゼミ生は全体で150名弱、毎週参加するのは、学部生や大学院生を加えて10～20人ほどです。みな発想がユニークで、面白いことを考える人たちばかりでした。当然ながらそこでは「元アスリート」という看板など、何の力にもなりません。むしろ私はその環境に置かれて、いかにこれまでの自分が無知だったかを思い知らされました。

大学院で得られたことは知識や経験、数え切れないほどにありますが、一番の変化は「謙虚」になったことです。

うぬぼれていたわけではなく、トップアスリートとしてオリンピックを目標に掲げていた頃、私が生きる世界での主役はアスリートだと信じて疑いませんでした。

もちろん今も、アスリートファーストやアスリートセンタード・コーチングといった言葉もあり、アスリートが主役であることに変わりはないかもしれない。でも大学院で学ぶうち、そのオリンピックを開催するためにどれだけ多くの人たちが関わっているのか。どれだけの人の力があって、最後の最後でアスリートが華を添える環境がつくられているか。初めて知ることばかりで、いかに自分がお膳立てされた中で生きてきたかを突きつけられました。

そしてその時、「学びたい」「もっと知りたい」気持ちに正直になりました。競泳に限らず、女性アスリートのセカンドキャリアといえば、想像されるのは結婚して家庭に入ることや、コメンテーターなどとしてテレビなどメディアに出演することでした。大学へ行く人はいても、大学院で寝る間も惜しんで勉強するケースはそれまであまりなかった。そのせいか、周りからは「何のために勉強するの？」と言われました。ですが、知らないことがこんなにあって、知れば知るほど面白いということに気づいてしまったのです。

修士課程での1年間はひたすら勉強。大学の図書館へ行ってはさまざまな文献を読み、発表の練習をして、他のゼミ生の研究も勉強する。修士論文ではスポーツマネジメントだけでなく、自身の研究としてスポーツ心理学の領域も扱いました。

そのことが新たな縁へとつながり、14年3月に早稲田大学での修士課程を終えると、

4月からは順天堂大学大学院スポーツ健康科学部精神保健学研究室へと進みました。そこではスポーツ心理学におけるメンタルタフネスをさらに深掘りして学び、研究しました。

メンタルが強いってなんだろう

大学院というだけでお堅いイメージがして、しかも「精神保健学」と聞けば、身構えてしまう人が多いのではないでしょうか。きっと私も字面だけを見たらそう思ったはずです。

では、実際何を学んだのか。それはとてもシンプルで大切なことでした。

自分自身は今、どういう状態なのか。
メンタルが「強い」「弱い」とは何か。

現代社会において、「メンタルヘルス」は、家庭でも学校でも職場でもとても重要なことです。昨今はアスリートをはじめメンタルヘルスについて声を上げる人が増えてきたのも、その重要性への認識が広まっていることの象徴と言えるのではないでしょうか。

私が自分の経験から、研究テーマにしたのはスポーツ心理学です。アスリートにとって心理的コンディションを整えることは不可欠ですが、競泳に限らず日常的にこんな言葉が飛び交います。

「メンタルが弱い」

「もっとメンタルを強くしないといけない」

では、メンタルが弱いのはどんな人で、強いのはどういう人なのか。とてもあいまいな表現であると言えますが、「強いのが良い」「弱いのはダメ」と決めつけられる。それが私は嫌でした。そして、それが何かを知りたかったのです。

どうして白黒はっきりしなければならないのか、0か100、どちらかでなければならないのか。グレーゾーンやたとえば63／37であってもいいことですら、これはダメだと決めつけられてしまう。そのせいで「自分にはできない」と落ち込んだり、悩んだり、苦しんだりすることで、本来持っているその人の長所が発揮できなくなってしまいます。さらにその状態が進めば、メンタルヘルスに悪影響を及ぼすこともある。

誰かにとってはそれが正しいことでも、私にとってはどうなのか。嬉しい、楽しい、悲しい、という感情や思考は人それぞれ違って当たり前。そして、自分自身にしか探ることができません。

メンタルヘルスは、世界保健機関（WHO）の定義で「人が自身の能力を発揮し、日常生活におけるストレスに対処でき、生産的に働くことができ、かつ地域に貢献できるような満たされた状態」[*9]を指します。また、メンタルヘルスにとって不可欠な要素にウェルビーイングがあります。

ウェルビーイング[*10]とは、「わたし」が一人でつくりだすものではなく、「わたしたち」が共につくりあうものであるといわれています[*11]。そして、自分が自分らしくいられる状態を指します。自分を知ることがウェルビーイングにもつながっていくと思います。それには、自分とは、アイデンティティ（自分は何者であるかという自己認識）とはを考えることが必要だとも思います。

トップアスリートがメンタルヘルスを崩し競技の第一線を少しお休みしたい、と公表するというようなニュースが以前より増えてきました。世の中にさまざまな意見もあるのは当然ですが、そのニュースへの反応を見るとまだまだ、理解は乏しい状態であると感じました。

たしかに身体的な理由ではなく、メンタルヘルスを理由に競技から離れる、というのは大きなニュースではあります。でも自分に置き換えた時、メンタルの状態が良い時もあれば、悪い時もある。自分だけではちょっと無理だ、と思う時は人に助けを求めたり、専門家の診察や診断を受けたりするはず。喉が痛い、頭が痛い、お腹の調子が悪いという時に医師の診断を受けることと同じだと思います。

そもそもトップアスリートならば、目標設定はもちろん、そのために何をするかという基本的なことができている人が多い。自分自身の実力を発揮するために、どうすれば調子を上げられるか。よく理解したうえで日々行動しています。でも、自身のキャパシティを超えてしまった時、自分ではコントロールできない時にどうするか。そこには、一緒に考えてくれる専門家が必要で、スポーツメンタルトレーニング指導士[*12]の存在が必要です。

トップアスリートにとっての「結果」は一つではありません。目標をクリアしてもまた次に目標を立て、結果を求める。どんな逆境でも頑張り続けることがアスリートのイメージかもしれません。しかし、大切なのはその人自身の人生です。

もちろんアスリートでなくても、結果を残すために頑張り続けられる人もいれば、時には休む人もいて、そこから復活できる人もいれば、できない人もいる。人それぞれ違って当たり前であるはずです。

そしてこの発想は、メンタル以外にも通ずる。

生理もその一つであると思います。人によって違いがあり、症状も違う。もちろん対処法もあるはずですが「我慢するのが当たり前」という選択肢になってしまう。まるで別のところに存在するテーマのように見えますが、実は根本にある問題は非常によく似ているのです。

メンタルタフネスと生理の共通点

私がメンタルについて学びたいと思ったきっかけはすでにお話ししましたが、メンタルが強い、弱いというように、何が強くて何が弱いのかを論理的にとらえられるようになりたいと思ったことも一つにあります。私が専門としていたのは、スポーツ心理学のメンタルタフネスという概念です。その名の通り、「精神的な強さ」です。メンタルタフネスの定義は、「先天的または、後天的に構築された心理的優位性」とされています。[*13] つまり、生まれつきの強さだけではなく、自分自身で培うことができるものだということです。

また、さらに簡潔に言うとメンタルとは、思考と感情であるといえます。メンタルをセルフコントロールし、心理的コンディションを整えていくためには、メンタルトレーニングがよく用いられます。

ちなみに現役時代、「メンタルが弱い」と言われることが多くあったせいか、私も「メンタルトレーニングを受けたい」と希望したことがあります。必死でトレーニングをして、泳いで、やれることはやったと思っているけれど、もっと何かできないかと思い、メンタルトレーニングの指導を受けたほうがいいのではないかと考えたのです。しかし当時は、「一回やってみて合わなければやめなさい」と積極的に取り入れる空気はありませんでした。


これも生理と照らし合わせると近いのではないでしょうか。生理痛や生理不順などの悩みがあったとしても「自分でどうにかする」「病院に行くほどのものではない」と自分自身でさえ判断してしまう。なぜ、自分にこの症状が起きているのか。どうすればよくなるのかがわからない。しかし、スポーツ心理学の勉強をしていくうちに、生理の痛みにひたすら耐えることがメンタルタフネスではなく、セルフコントロールの能力を高めることで、感情の調整をうまくできるようにするということが大切だとわかってきました。

しかし当時は、自身でコントロールできるということにもなかなか気づくことができず、また人に相談することもできませんでした。

特にアスリートには自分が積み重ねてきた技術や経験にプライドもあるので、自分の弱さをさらけ出したくない、恥ずかしいという人もいます。たとえ悩んでいても「今なかなかうまくいかなくて苦しいんだよね」と簡単には人に言うことができず、どんどん自分の殻に閉じこもってしまうことも珍しくはありません。

そうなる前に必要なのが、専門家によるメンタルトレーニングです。メンタルトレーニングの基本となるのは、不安やカッコ悪いと思う自分も「言葉」で紐解いて、何がそうさせるのか、原因の根本となるものを整理していく作業です。

そこから、今自分はどんな状態なのか。自分の状態を理解したら、次はどう対処すべきかを探ります。

メンタルについて学ぶうちに私は、自らの身体から「今ここにいる自分」を学ぶ「身体知」という発想を得ることができました。それはトップアスリートとしての競技人生に区切りをつけ、学ぶことを始めたからでした。

一見すればまるで関係ないことも、どこでつながっているかわかりません。それは些細な日常の中でも溢れています。たとえば電車に乗った時、あなたはどこに座りますか？　真ん中ですか？　端でしょうか？　それは右？　左？

何気なく選んでいるように見えますが、実はその「選ぶ」行動は、無意識に自分が居心地のいい空間を選んでいます。そして、その根っこに、実は自分のアイデンティティが紐づいているのです。*14

生理のメカニズムを知る

人と人は違う。生理の症状も違って当たり前。

さて、みなさんは生理のしくみを知っていますか？

はい、と答えた方。素晴らしいと思いますし、いいえ、と答えた方も素晴らしいと思います。

そして「はい」でも「いいえ」でもなく「うーん」と困ってしまった方。それも間違いではありません。もしかしたら一番正しいリアクションかもしれません。

毎月来て、毎月つきあっているのに、実は当の女性であってもそれほど詳しく知らない。それが生理なのではないでしょうか。

早ければ小学生、もしくは中学生の頃、学校の授業で習ったことがあるかもしれない生理ですが、大人になってから学ぶ機会はほとんどない。ここでは改めて、生理とは何か。どんな症状を指しているのかについて図を見ながら触れていきましょう。

先ほどもお話ししたように生理は医学用語で月経と言います。

まず、子宮と卵巣について確認しましょう。子宮は膀胱の後方に位置し、成人の子宮の長さは7~8センチメートルほどです。子宮頸部と子宮体部で構成されます。子宮の大部分は平滑筋という筋肉からできていて、子宮の中（子宮内腔）には子宮内膜というやわらかい粘膜組織があります。

また、左右に1つずつ卵巣があり、その大きさは親指の先程度です。卵巣では、卵胞の発育や排卵がおこなわれており、女性にとって重要なホルモンを分泌する器官です。

女性の身体は10代から将来の妊娠、出産に向けた準備が始まります。まず、脳視床下部から脳下垂体へ性腺刺激ホルモン放出ホルモンが分泌されると（①）、下垂体から卵胞刺激ホルモンが分泌されます（②）。

◆生殖器の構造

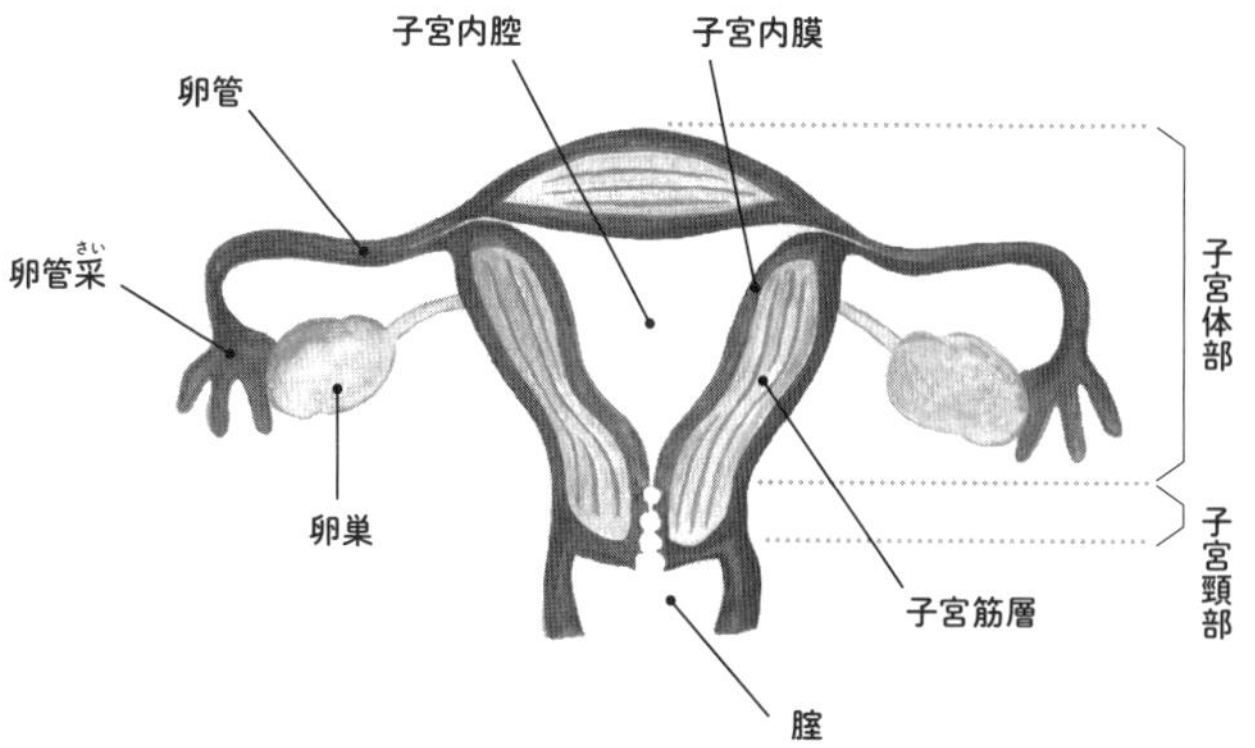

◆生理のしくみ

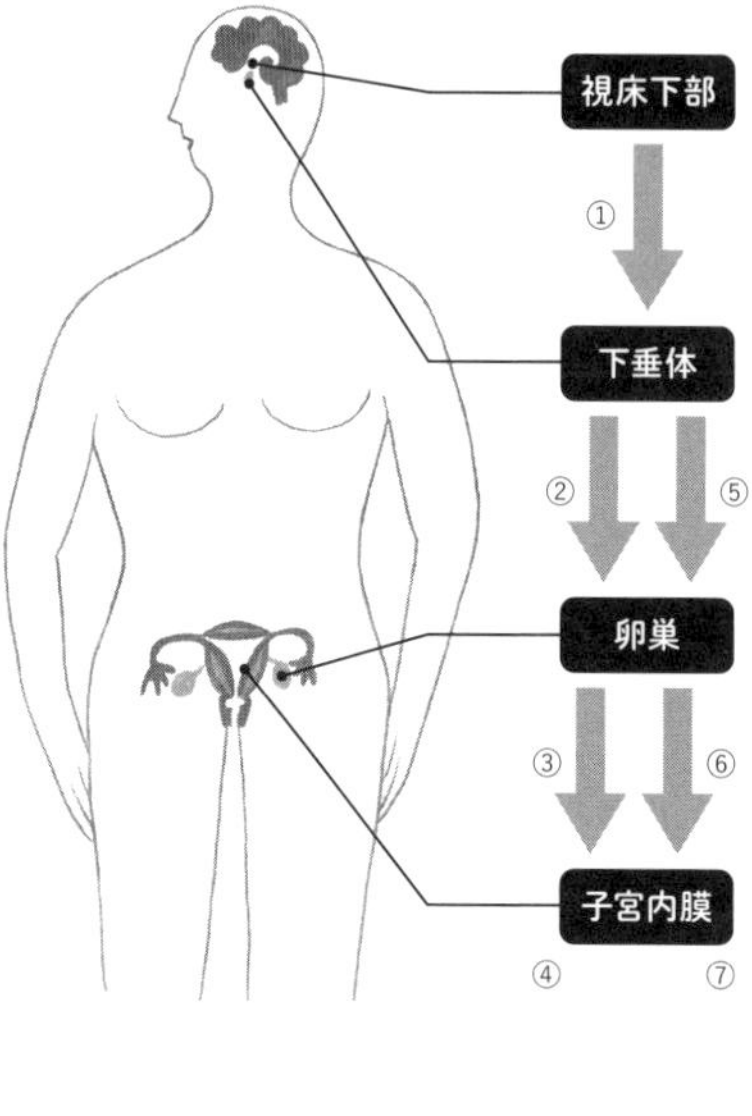

①性腺刺激ホルモン放出ホルモン（GnRH）が分泌

②卵胞刺激ホルモン（FSH）が分泌

③卵胞からエストロゲンが分泌

④子宮内膜が厚くなる

⑤黄体化ホルモン（LH）が分泌
➡排卵

⑥黄体からプロゲステロンが分泌

⑦受精卵が着床しやすい状態になる
受精卵が着床しなければ、子宮内膜も不要になり、はがれ落ち排出される
➡月経（生理）

そして、卵胞刺激ホルモンが卵巣内の卵胞を刺激し、発育した卵胞から卵胞ホルモン（エストロゲン）が分泌され③、子宮内膜を厚くします④。エストロゲンの分泌量がピークに達すると、今度は脳下垂体から黄体化ホルモンが分泌され⑤、それによって卵巣で成熟した卵胞内の卵子が排出される。これが「排卵」です。

排卵後の卵胞は黄体という組織に変化し、妊娠の準備をするプロゲステロンを分泌します⑥。プロゲステロンにより子宮内膜は受精卵を迎える準備が整い、いつでも妊娠できるよ、という状態になります。しかし、受精卵が着床しなければ厚くなった子宮内膜は不要になり、プロゲステロンも減少し子宮から剝がれて経血となって体外へ排出される⑦。

これが生理のしくみです。

正常な月経周期は、25日から38日の範囲です。また月経期間は、3～7日程度。経血量も人によって違う。2日目、3日目に出血量が多く、徐々に減少していく傾向があります。

月経期間中は体温を上げるプロゲステロンが分泌されなくなり、体温が下がります。生理が始まるとともに徐々にエストロゲンの分泌が上昇していき、排卵に向けて準備

◆月経周期に伴う、身体とこころの変化

卵巣から分泌されるホルモンの変化

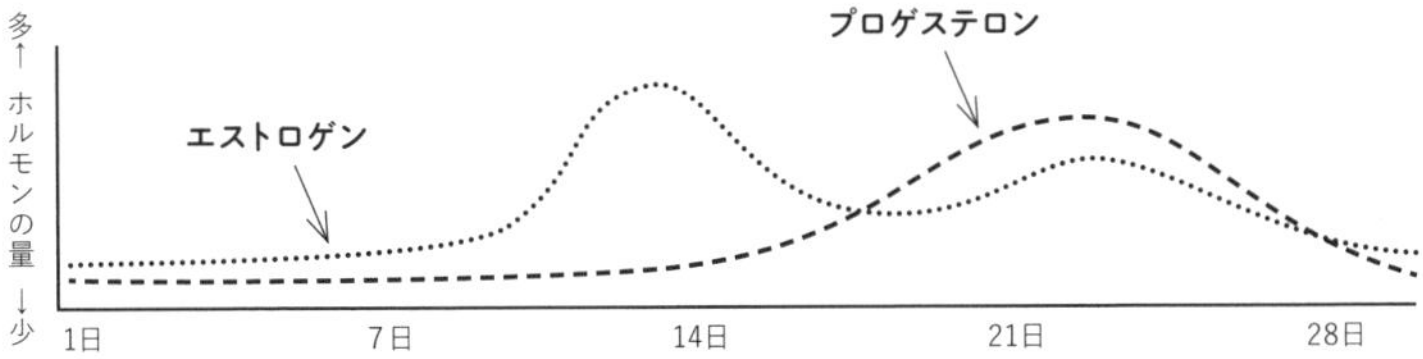

月経期	卵胞期	排卵期	黄体期
下腹部痛、頭痛、胃痛、吐き気、腹部膨満感、体重増加、だるさ など		下腹部痛、出血、頭痛 など	下腹部痛、イライラ、腰痛、乳房痛、むくみ、肌荒れ、体重増加、食欲亢進、眠気 など

出典：能瀬さやか他「Health Management for Female Athlete Ver.3」より作成

◆エストロゲン（女性らしさを出すホルモン）と
プロゲステロン（妊娠を維持するためのホルモン）の働き

エストロゲンの働き

1 子宮内膜を厚くする、子宮を発育させる
2 骨を強くする
3 水分をためる→むくむ
4 血管をやわらかくし、血圧を下げる
5 排卵期に粘稠《ねんちゅう》・透明なおりものを分泌させる
6 コレステロール、中性脂肪を下げる
7 乳腺を発育させる
8 膣粘膜や皮膚にハリ、潤いを与える
9 気分を明るくする
10 自律神経の働きを調節する　など

プロゲステロンの働き

1 子宮内膜を妊娠しやすい状態に維持する
2 基礎体温を上げる
3 眠気をひき起こす
4 水分をためる→むくむ
5 腸の働きをおさえる
6 妊娠に備え乳腺を発達させる
7 雑菌が入りにくいおりものにする
8 食欲を亢進させる　など

出典：能瀬さやか他「Conditioning Guide for Female Athletes 1」より作成

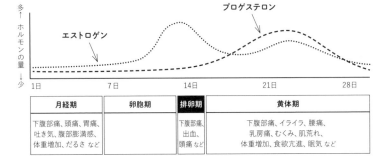

をしていきます。女性ホルモンの影響がそこまで激しくない体調の良い時期は、1カ月のうち1週間くらいの人も多いのではないでしょうか。

さらに生理が近づくと、体温上昇やむくみといった身体的症状や、イライラしやすくなるなど精神的症状がある人もいる。これらのサイクルがほぼひと月に一度、おこなわれているのです。

とはいえ、これはあくまでも一般的な生理の話であり、人それぞれ、周期や症状、出血量には大きな違いが生じます。たいていの場合は、生理開始から次の生理までの周期は約1カ月ですが、人によってはもっと短かったり長かったりすることもある。

生理中はナプキンやタンポンで対処することが多いです。それでも漏れてしまうほどの大量出血や耐えられないほどの生理痛がある、正常な周期よりも早く、月に2回生理が来るといった日常に支障をきたす症状がある場合は、婦人科系の病気がある可能性も考えられます。「自分はたまたま出血が多い」などと受け流すのではなく、受診して原因を知る必要があります。

ただでさえ生理の時には、出血や痛みなど日常生活を送るうえで対処が必要なことが多いですが、それだけではありません。生理前に起きるさまざまな不調を「月経前症候群（ＰＭＳ）」と言い、イライラや睡眠障害、腹痛や頭痛、乳房の張りなどさまざまな症状に悩む女性も多くいます。

そしてこれらの症状が理解されず、「我慢」するのが当たり前と思っている人もいることでしょう。

なぜそうなるか。「知らない」ということが、一番の理由だと考えています。

振り返れば、私も小学校高学年か中学生の頃に「女性は身体が発達する中で生理が来るんだよ」と授業で学んだ記憶はあります。でもその時、生理痛がどれほどつらいか。生理前の症状がどんなもので、どう対処すればいいのか。生理が遅れている時はどうすればいいのか。スポーツをしながら生理とつきあうにはどんな方法があるのか。そもそもどこから出血しているのか。まったく理解していませんでした。いやむしろ、教えられていなかったはずです。だから「知らない」まま過ごしてきてしまいました。

かつて妊娠、出産のサイクルが早かった頃は、生理に関して今ほど注目が集まることはなかったと思います。なぜなら、妊娠期間中は生理が止まり、生理が再開するころにはまた次の妊娠をすることも多くあったからです。月経困難症やＰＭＳに悩まされるケース自体が少なかったでしょう。しかし、現代は結婚や出産も高齢化が進み、女性の社会進出も進んでいます。

そんな今こそ、それぞれがもう少し身体のことを理解し大切に考えることができたら素晴らしいですよね。前章でもお伝えしたように男性と女性の身体は違います。男性のことも、女性のことも、一人ひとりを理解することです。

男性の視点に立つと、いくら生理が「大変」と言われても、経験したことがない以上わからないかもしれません。ですが将来、家庭を持ったり、パートナーができたりしたときに寄り添えるかもしれない。それに学校や会社で一緒に活動し、スポーツをする時だって、もっと助け合うことができるかもしれない。

もちろん男性に限らず女性同士も同じ。お互いを「知らない」「わからない」のは当たり前です。そういう時こそ思いやりを持って、お互いを知ろうとすれば、どうでしょう。もっとより良い社会になると思いませんか？

自分のこと。そして、大切な誰かのこと。みんなで一緒に学んでいけると嬉しいです。

１２５２プロジェクト

自分のこと、自分の身体を知ってほしい。特にこれまではほとんど語られることのなかった生理について知ってほしい。

その思いを具現化するため、２０２１年3月、新たなプロジェクトが始まりました。その名は「１２５２プロジェクト」。

女性アスリートが抱える生理の課題を、私だけでなくさまざまなトップアスリートの経験、さらには婦人科の先生方、教育現場の先生方などの専門的知見を持って向き合い、正しい情報を共有・発信するプロジェクトです。

ここでみなさんに質問です。１２５２プロジェクトの「１２５２」という数字。これは何を意味していると思いますか？

答えは、１年間が52週、そのうち生理が訪れるのが約12週だということ。それをわかりやすく数字で表しています。

つまり、１年の４分の１以上は訪れている生理。そして、それに伴うＰＭＳなど体調の変化は私たちにとっては密接なものです。プロジェクトをスタートするにあたり、ダイレクトに「月経」や「生理」を意味するネーミングも考えましたが、人によっては苦手意識を持ってしまうかもしれない。シンプルに「1252って何だろう?」と興味を持ってもらえたほうがいい、と思い名づけられました。

こうして数字に表すことで、女性は1年間のうちこんなに月経期間があるのかと、より身近に考えていただけるのではないでしょうか。

これまでお話ししてきたように、私自身も生理に関しては苦い経験があります。当時を思い返すと「あの時の自分に知識があれば」「早く誰かに相談できていれば」という後悔があります。今、そしてこれからのアスリートや女性には同じ思いをしてほしくない。そのためにも自分の経験から、正しい情報を伝えていく場、信頼して相談できる場を設けることも大切ではないかと考えました。

ありがたいことに、元アスリートの経験を語る講演や授業など、さまざまな機会をいただいてきました。そのたびに私自身も、聞いてくださる方々の反応を通して、伝えることの大切さや、自分が何を発信したいのかに向き合う時間も多くありました。「Number」に書いたコラムの影響もあり、生理の話をすることもありました。

また、プロジェクトに行きついた背景として、以前から生理の課題を重要視し、啓発されてきた婦人科の先生方の存在があります。中でも能瀬さやか先生は、競泳の医事委員であるだけでなくさまざまな競技や種目のアスリートを診ていて、これまでの知見や現場での実績のもと、この問題に警鐘を鳴らしてきました。

もちろん能瀬先生だけでなく、生理痛や月経周期の悩み、無月経など女性アスリートに多い症状について寄り添ってきた先生はたくさんいらっしゃいます。何が原因で、身体にどんな影響を及ぼすか。診療だけでなく、学会やシンポジウムでも発信するなど、積極的な活動をされています。これは本当に多くの女性の力になることです。

もう一つ、125プロジェクトを始動する大きなきっかけとなったのが、新型コロナウイルスの蔓延でした。

本来ならば東京オリンピック・パラリンピックが開催されるはずだった2020年。日本だけでなく世界中に拡大した新型コロナウイルスは、私たちの日常生活に数々の規制を余儀なくし、東京オリンピック・パラリンピックが1年の延期を決定したように、スポーツ界にも大きな影響を及ぼしました。

そこで立ち上がったのが「スポーツを止めるな」というムーブメントです。数々の大会が中止になる中、多くの高校生たちが目標を失っただけでなく、卒業後の進路選択に向けてのアピールの場を奪われました。ならば、たとえ大会が開催されなくても、いつどの場所にいても、自分のプレーを表現する場所をつくることはできないか。このような動きがラグビーやバスケットボールから始まり、徐々に競技の垣根を越えた取り組みに広がっていきました。

こうして学生のためのプラットフォームがつくられていく中で、「何かしたい」と模索していた私も、多くの賛同アスリートたちと一緒にサポートを進めることにしました。

そしてその頃、自分の中でずっと抱いていたのが生理の問題をもっと広く発信し、教育する場をつくりたい、という願いでした。もともと「10代のアスリートにこそ知ってほしい」と考えてはいましたが、生理は10代だけに限る問題ではありません。それだけにあえて学生だけに向けて発信することへの迷いもありました。

後ほどお話ししますが、生理による症状から目を背けて練習を続けていると、利用可能なエネルギー不足から無月経（視床下部性無月経）になることによって大事な骨の成長が止まり、骨粗しょう症のリスクもある。そういった10代の頃の選択が、将来の自分の身体への影響につながる。こうした背景を踏まえると、やはり10代の選手や中高生に向けて生理に対する知識を発信できる場が必要だということが、大きな一歩を踏みだす原動力になりました。

能瀬先生やさまざまな専門家の先生方、そして同じ未来を思い描いてゆける仲間たちと共に、正しい知識の共有や情報発信、そして相談できる場をつくる。

こうして生まれたのが「１２５２プロジェクト」です。

生理は女性だけの問題ではない

では、何から始めたのか。スポーツの現場で生理について悩んでいる人が多くても、なかなかその声が届かない。「生理については話しにくい」というタブー視されている感覚を変えていくところからスタートしました。

まず、YouTubeチャンネル「Talk up 1252」では、多くのアスリートの経験談を発信しています。たとえば減量が必要とされる競技で無月経になってしまった話や、身体にフィットするウェアをつける競技で生理と大会が重なって大変だった話。実はひどい生理痛に悩まされていた、など多岐にわたります。

同じスポーツとはいえ、違いはたくさんあります。たとえば私のようにトレーニングのほとんどを水中で過ごす競技もあれば、競技者間の接触のあるコンタクトスポーツもある。当然ながら、使用する生理用品も異なります。聞けば聞くほど、さまざまな事例があることがわかりました。

競技特性による違いもあれば、知識の差もあります。本来ならば初めての生理を経験する前に基礎知識として知っておくべきことも共通認識となっていないこともわかりました。生理とは何か。生理は何のために来るのか。そして、周期や期間、症状などは一人ひとり違うということ。

実際に学校を訪問しておこなう授業「1252 Clubroom Workshop!」では、こちらから「生理はこういうもの」と伝えるだけでなく、受講した学生とコミュニケーションをとりながらおこなう対話型形式で進めています。

もしも10代の私がこの講義の場にいたら、同じことを聞くだろうなと思うような対処法などへの質問が飛び交います。「病院に行きたいけれど、それ自体を言えないからなかなか相談できる人がいない」と言ってくる学生たちも多い。保護者はもちろんですが、身近にいる指導者や仲間。まずは気軽に相談したり話をできる存在が不可欠であることも再認識しました。

また、誰もがオンライン上で正しい情報に触れてもらえるよう、Instagramで「1252 PlayBook」という教材を展開しています。医師に相談する一歩手前で、気になることを確認できる新しいかたちの学習ツールです。まだ授業などで会えていない中高生にも見てもらえているようです。

そしてもう一つ、こだわってきたことがあります。授業を受けるのは女子選手、女子学生だけでなく、男子選手、男子学生も一緒に、ということでした。

女性同士でも抵抗のある生理の話について、男性はどう反応するのか。それこそリアクションに困るのではないかという思いもありました。

実際に大人になればなるほど、生理について無知であったり、「触れてはいけないこと」と考えたりする男性は少なくありません。これは悪いことではなく、生理についての教育を十分に受けていないから自然なことです。

授業を重ねていくと学生全体の意識の変化も感じられました。まず「生理についてこんなに明るくオープンに話していいんだ」という声が多く挙げられました。心配していた男子学生からも「生理ってこんなに大変だと知らなかった」「将来大切な人ができた時に支えたい」という素直な声が聞けたり、積極的に質問をしてくれたりする姿を見ると、明るい未来を感じます。

日本においては、文部科学省がスポーツ庁に委託して進めている、女性アスリート支援が2013年度から始まっています。[*15] 10年近く月経教育を実施してきた能瀬先生からも、トップアスリートに対する体制は整ってきたと聞きます。しかし、小中学校の義務教育の中でどれだけ学ぶ機会があっても、覚えているのは「女性は、12〜14歳頃に初経が来てから、月に一度生理が来る」というぐらいです。

できるだけ早い段階から、女性だけでなく男性も同じ知識を持てていたらと考えてみましょう。女性の身体を理解することで、もっと相手を大切にしようと思いやる気持ちが育まれるかもしれない。もちろん、女性のほうも、男性の身体でこんな変化や大変なことがあるのだと理解できれば、お互いの違いに寄り添い、もっとリスペクトすることができるはず。

そして何より、自分の身体を大事にしようと考えるようになるでしょう。このような思いやりや優しさのある歩み寄りが、少子化や、女性の社会進出などの進む社会に必要であると感じます。

月経リテラシーを高めましょう

自分の身体を知り、日々の自身の健康と向き合う。アスリートはまさにその作業を毎日繰り返しおこない、それは競技者であることをやめる瞬間まで続きます。

私のように「やりきった」と潔くやめるケースもあれば、ケガを抱えてしまい継続が困難になることもあったり、年齢を重ねて本来の動きができなくなっても競技を続けたりすることもあります。そんなあきらめない姿から元気をもらう、という方もいたり、アスリートは元気で明るいというイメージもあったりします。しかし実は、満身創痍であったケースも多くあります。

東京オリンピック・パラリンピック競技大会を終えたことや、スポーツ庁の第３期スポーツ基本計画が策定されたことを背景に、スポーツ界全体が過渡期にあって、部活動も活動形態が変わりつつあります。この先のスポーツ界はどうなっていくのだろう、と考える機会も増えました。もしかしたら日本からスポーツ文化がなくなってしまうのではないか、という危機感を覚えることもあります。

ですが、スポーツはやはり素晴らしいと感じることも多くあり、子どもから大人までどの世代にも活用できる多岐にわたる役割があります。社会に必要な大事な文化であると思います。社会課題を解決する糸口がスポーツから見つかり、それが社会につながっていけばそんな素晴らしいことはない。

月経教育はまさにその一つです。男女で分かれ、ルールがあるスポーツだからこそ、できるだけ明るく伝えることができると思っています。将来的には、スポーツ界だけでなく広く社会においても、女性がライフステージの変化を楽しみながら長く活躍できる環境になればいいと思いますし、どんどん風通しの良い世の中になってほしいと願っています。


新たな知識や刺激を得るたびに繰り返し思うのは、10代から生理についての正しい知識を得るための教育の大切さです。生理は女性だけのものではありません。実際の学校や職場では、まだまだ気軽に話せるテーマではないかもしれませんが、当事者だけで解決できることはあまりありません。女性だけが問題提起するのでは前向きな解決にはつながらず、男性の理解も必要であると言えます。

125プロジェクトを通しての教育は、私とあなた、お互いの違いを理解することだと思って取り組んでいます。

もちろんそれは学生同士、選手同士だけでなく、大人も同じです。大人が正しい知識を持って若い世代と接することが、今後コンディションを整えていくには重要です。部活動などでも技術やメンタル面の指導と同様に、生理に関しても気軽にコミュニケーションをとれる環境が整えば最高ですが、いきなり始めようとしてもなかなかハードルが高い。大切なのは互いの目線に立って理解し、知ろうとすることだとも思います。

こういう考え方もあります。

生理を知ることは、今の自分の身体を知ることであると同時に、将来の病気を予防することにもつながる。起き上がれないなど症状として重い生理痛があるという時点で、身体からのサインの可能性があるかもしれません。「いつものことだから大丈夫」「毎回我慢しているから」と考えてしまっては、防げる病気も防ぐことができません。気になることがあれば、医師に診てもらうという選択がもっと気軽にできる環境になってほしいと思います。

1年間は52週間。そしてそのうち約12週間が月経期間であるということはつまり、1年のうち4分の1以上が生理であるとお話ししました。また、月経期間以外でも、それに伴う心身の症状がある人もいます。この悩みは決して耐え忍ぶものではありません。何らかの対処する方法があり、きちんと対策できれば今よりもずっと楽に過ごすことができるのです。

海外の論文では「Menstrual Health Literacy」という言葉が見られます。直訳すると「月経の健康の知識や理解能力」。生理について理解を深めるテーマが取り上げられています。月経衛生教育（Menstrual Hygiene Education）と呼ばれる教育が進められ、月経リテラシーを高める事例などもあります。海外では日本以上に、知識を得てアクションしていくための研究があることも事実です。[*16]

月経リテラシー。

日本でもこんな言葉が広がっていけばいいな、と思いますし、多くの方に届けたい。「1252プロジェクト」はそのための第一歩です。

＊9　世界保健機関「メンタルヘルスアクションプラン2013–2020（Mental health action plan 2013–2020）」

＊10　WHO憲章の前文では「well-being」を用いて健康の定義を次のように示しています。"Health is a state of complete physical, mental and social well-being and not merely the absence of disease or infirmity."「健康とは、肉体的、精神的及び社会的に完全に良好な状態であり、単に疾病又は病弱の存在しないことではない。」（厚生労働省「平成26年版厚生労働白書」より）

＊11　渡邊淳司、ドミニク・チェン（監修・編著）『わたしたちのウェルビーイングをつくりあうために―その思想、実践、技術』ビー・エヌ・エヌ、2020

＊12　日本スポーツ心理学会認定「スポーツメンタルトレーニング指導士」https://smt.jssp.jp/

＊13　伊藤華英他「エリートスイマーのメンタルタフネス尺度開発」『スポーツ産業学研究』27巻3号、２０１７、２０３-２２１頁

＊14　諏訪正樹『「こつ」と「スランプ」の研究―身体知の認知科学』講談社、２０１６

＊15　日本スポーツ振興センターウェブサイト「女性アスリート支援プログラム」

＊16　Reihaneh Jarrahi, Nahid Golmakani, Seyed Reza Mazlom, Effect of Menstrual Hygiene Education Based on Peer and Small Group Teaching Methods on Hygiene Behaviors in Female Adolescents: A Comparative Study, Evidence Based Care Journal, 10(1): 70-74,2020.

Lisa B. Hurwitz, Silvia B. Lovato, Alexis R. Lauricella, Teresa K. Woodruff, Eric Patrick & Ellen Wartella, 'A New You, That's Who': an evaluation of short videos on puberty and human reproduction, Palgrave Communications, 4(1): 89, 2018.

コラム2

生理にはそれに伴う症状がさまざまにあります

女性アスリートのコンディションに影響を与える婦人科の問題には、月経困難症、月経前症候群、過多月経などがあり、これらを「月経随伴症状」といいます。

❶月経困難症

いわゆる生理痛が強い場合を指し、「月経に随伴して起こる病的症状で、日常生活に支障を来すもの」とされています。

<主な症状>
下腹部痛、腰痛、腹部膨満感、吐き気、頭痛、疲労・脱力感、食欲不振、イライラ、下痢、憂うつ など

生理痛の要因の中には、子宮内膜症や子宮腺筋症、子宮筋腫などの疾患があります。近年20代の若い女性においても増えているため、早めの婦人科受診をおすすめします。

❷月経前症候群（Premenstrual Syndrome: PMS）

「月経前3〜10日の黄体期に起きる精神的・身体的症状で、月経発来とともに減退ないし消失するもの」を指します。

<主な症状>
精神的症状 ▶ イライラ、怒りっぽくなる、落ち着きがない、憂うつになる など
身体的症状 ▶ 下腹部膨満感、下腹部痛、腰痛、頭重感、頭痛、乳房痛、のぼせ など

月経前症候群のうち、精神的な症状が主で、さらにその症状が強い場合を月経前不快気分障害（Premenstrual Dysphoric Disorder：PMDD）といいます。

❸過多月経

経血量が140mℓ以上のことをいいます。貧血の原因にもなりますが、経血量は他人と比較することが非常に困難です。客観的な評価の目安として、「血の塊が出る」「夜用のナプキンを1〜2時間毎に交換する」場合は経血量が多いと判断してよいでしょう。

出典：能瀬さやか他「Conditioning Guide for Female Athletes 2」

3章
生理を知ることは、今の自分と向き合うヒント

自分を大切にできていますか

「とても明るい講演でした」

ある講演後に、こんなことを言われた経験があります。

私も結構大変なことがありましたよ。笑いながらも、ふとこんな風に思いました。たしかにアスリートが話をする時は苦労話や成功体験が多いかもしれません。逆の見方をすれば、話を聞くほうはどれだけ頑張ってきたのかを知りたいということなのかもしれないです。

私の現役時代、競泳界は勢いがありました。なぜなら、不調だった時代から競泳界全体が日本チームとして団結し、強化を中心として、世界大会での競技力向上に力を入れるなど、前進していた時期だったからです。また当時は、テレビなどのメディアに出ることが選手の中では当たり前のことになっていました。メディア露出が増えるということは、それだけ多くの人に競泳の魅力を知ってもらうことにつながります。そして応援しよう、応援してみようと支援していただける民間企業も増える。メディアに出ることは、競泳の未来のために大切なことでもありました。

振り返ると、成績が伴ったうえで露出の機会が増えること、さらに多くの人に知っていただけることはアスリートにとって嬉しくありがたいことだったと思います。ですが、同じ成績を出しているにもかかわらず、注目される選手は限られていました。選ばれるということは、たしかにとても大事なことではあります。しかし私は当時、この「選ばれる」「選ばれない」があることを受け入れることができませんでした。

とはいえ、引退後も見据えて「人に伝える」ということをしていきたいと思ったのならば、メディアと共存していくことも大切です。それに近くにいる人だけでなく、遠くにいる人びとに伝える力、影響力は明らかです。そこで私は、「自分が書く」ことで伝えたいと考えました。取り扱うテーマを「選ぶ」立場になりたい、そして、競泳の魅力などたくさんの人に知ってほしいことを自分の言葉を通して伝える立場になっていきたいと思ったのです。文章の書き方や取材の仕方は、ライターや編集者の方々にゼロから教えてもらい勉強させていただきました。これもありがたいご縁でした。

実際に、私はアスリートの話を聞く立場として、今でも取材し記事を書く機会をいただいています。これまで自分を取材してくださった記者の方々と同じ目線になって見る。そうすると、また新たな発見がいくつもありました。

　取材をして、原稿を書く。これを並行して進めなければならないので時間が限られた中で飛び回っている。そして、短い時間で記事を書き上げるためには、やはりキャッチーな話題がある選手や取材対象のほうが、記者の人たちに「選ばれる」こと。たとえばケガからの復活、結婚、出産といった変化も大きなテーマになります。いわゆる個人的な話題です。

　私たちが日頃からアスリートに対して、「どれだけ努力しているのだろう」「どれだけ節制して生活しているのだろう」と想像力を働かせていることもあるからでしょう。今思えば、選ぶテーマに対しても無意識に、アスリートはこうあるべきという思い込みが生まれていたのかもしれません。


　私自身は、そもそも発信すること自体が得意ではありませんでした。

なので、ケガをして苦しい時も発信できることは素晴らしいことだと思います。ただ、発信するならば、どうしても楽しいことを共有するほうがいいと思ってしまいます。たとえば、つらいことやしんどいことがあるとしたら、もしかしたら本当の気持ちは、伝えるべき人だけに伝えられたらよいのではという考えを持っているからです。

ただ、これは人それぞれの価値観だと思います。

知り合いの70歳を超えたプロサーファーの方の言葉が私の考えの背景にあります。

「楽しいところに人が集まるんだよ。俺も苦労があるけれど、でも楽しい、ハッピー、と発するほうがいいじゃない。何でも、楽しそうにやればいいんだよ」


スポーツの世界では、早くも10代の頃から一線級としてみられることもあります。すると、競技のことを一番に考えること、多少痛いところがあっても休むということはしないなど、指導者に言われることは絶対的になることが多く、従うことが当たり前だと思っているアスリートは少なくない。大人になって社会に出てからも気づかぬうちに指示に従うことが習慣づいている人も多いかもしれません。

でも、痛いところがあっても仕方ない。我慢しなければならない。本当にそれでいいのでしょうか？

自分の人生です。つらい時はつらい、とお休みすればいいし、極端な話、本当にしんどかったらやめたっていい。自分がやりたいこと、選んだことにベストを尽くせればよいのだと思います。そこには自然と責任も生まれるでしょう。

人それぞれ、考え方も生きてきた道のりも違います。同じことも、耐えられる人もいれば、耐えられない人だっている。

答えは自分が決めればいいのです。特に、大切な身体とこころのことであれば。

アイデンティティと自分らしさ

オリンピックなど大きな世界大会に行くと、さまざまな国、文化、宗教の選手たちと出会います。その際に選手それぞれに背景があり、さまざまな思いを持ちながらこの舞台に立っているんだと感じることができます。時に、日本人の私が想像もつかないような背景や思いを持っていることもあります。

私たちは、このような個々のアイデンティティ自体を否定することはできません。言うならば、それこそが「自分らしさ」でもあるはずです。

オリンピックという大きな舞台だけに限らず、日常の部活動でも、この試合で勝つという目標や、これをしてはいけないというルール、倫理的に制限される部分はあるけれど、人それぞれアイデンティティは違うのが当たり前。

これまでどんな環境で育ち、どんな考え方を育んできたのか。

どんな時に苦しくて、どんな時に幸せな気持ちになるのか。

まず、「自分」を知ることによって、次のキャリアやステージへのパスウェイ（道のり）を考えやすくなります。「つらかった、苦しかった。でも頑張ったいい経験でした」と自己完結するのではなく、「自分はこういう考え方をする。だから今はこんな気持ちになります。みなさんはどうですか」と投げかけてみる。

相手を知るためには、自分を知ること。否定や責めるばかりでなく、何が好きで、何が楽しいか。自分を大切にしてあげることです。

幸せのかたちは一つではありません。
生き方の正解は一つだけではありません。

スポーツを通じて幸福で豊かな生活を営むことは、すべての人々の権利[*17]であり、誰もが楽しめるものです。その中には競技スポーツとして極めたいと思う人たちもいる。私も含め後者が「アスリート」と呼ばれるのですが、ある経営者の方にこんなことを言われたことがありました。

「僕もアスリートになりたいんですよ」

その方はトライアスロンをしていて、大会にも出場するレベル。なので、日頃から定期的に水泳やマラソン、ロードバイクの練習を積んでいます。とっくに趣味のレベルは超えているので、私に言わせればもう十分「アスリート」なのですが、競技を仕事とすることをトップアスリート、エリートアスリートとするならば、たしかにアスリートではないかもしれない。

でもどちらもスポーツを楽しんでいることに変わりはなく、どちらが偉い、どちらがすごいもない。むしろ好きで始めたけれど、競技で結果を出すことが求められるからつらいこともあるし、良い悪いの尺度で測ることはできません。

スポーツを楽しむ。この「楽しむ」の定義も曖昧ですが、私の中では、できないことが少しずつできるようになる。そして、スポーツを楽しむコミュニティの中にいることが楽しいです。

今日を楽しむ。毎日を楽しむ。人生を楽しむ。

何事もバランスが大事ですが、楽しめるものがあるということこそが自分を大切にすることにつながるのではないでしょうか。

結婚と出産とキャリア

2022年「まるのうち保健室 〜私と向き合う時間〜」という体験型ウェルネスイベントが実施され、私もゲストスピーカーとして参加しました。「自分らしく」あるために、女性特有の症状やケアなどさまざまなテーマでお話をする機会があったのですが、都心で働いている女性の方々約300名に事前におこなわれていた調査では、働く女性の7割以上がPMSや月経困難症などの問題を抱えていることがわかったほか、経腟エコー検査で異常所見が見つかった人のうち3人に1人は通院したことがないという結果が明らかになりました。[*18]

婦人科のハードルは高い、と思わされると同時に、世間では働く女性が一般的になり、共働き家庭も7割を超えているにもかかわらず、心配事があってもなかなか病院へ行く一歩が出ない現実がある。[*19] その世の中で、「自分らしく」とは何を指すのか。まずは、その背景から知っていくのが大切なのではないかと考えたのです。

近年は生理についても少しずつ対話できる環境になってきました。痛みや悩みを一人で抱え、耐えて我慢する時代はもう終わっている。つまり、生理が来ることを大前提に考えたうえで、自分のライフプランやワークライフバランスを考えるのは必要なことです。

QOL（生活・生命・人生の質：Quality of Life）を向上させたいと思った時、自分の人生に「オーナーシップ」をしっかり持ってみることをおすすめします。つまり、物事に対して受け身ではなく、自分はどうしたいのかを責任を持って選択する。その中の一つが生理のコンディションを整えていくことであると思っています。

さまざまな生き方がある中、多くの女性にとって大きなターニングポイントとなるのが、結婚や出産ではないでしょうか。ライフプランを考える中でも、いつ頃までに結婚して、子どもを望むのであれば、何歳頃に産みたいのか。女性の場合、産むのは自分自身なので、受け身ではなく自分がいつまでに何をしたいのかを考えてほしい。

また、ライフステージが変わっても働き続けたいという人は増えています。ですが、出産や育児に際しては休まなければならない時期もある。ワークライフバランスを考えるうえでも、生理のコンディションは大切で、自分のキャリアや人生にも紐づいてくるものだと私は思います。

キャリアとは何かと考えると、「人生を考える」という意味でもあると思うのです。仕事だけでなく、自分自身の人生というキャリアを考えていきたいです。

もちろん結婚する、しない、出産する、しないもその人が選択することです。そして同時に、できる、できないということも現実的にあり、何がいいと決めることなどできません。

それでも一定の年齢になれば、決断を迫られるのが出産。そして決して少なくない人たちが、「子どもがほしい」と思った時に初めて婦人科を受診したり、妊娠した時に病気が見つかったり、苦しい経験をしていることがあるということです。

すべてが望んだ通りに進まなくても、やはり悔れないのは生理です。

かつての自分を思い返すと「生理が来るのは女性だから自然なこと」、こんなことを当たり前に思っていました。

今、あの頃の自分と話す機会があれば、私はこう言います。

生理が毎月来ることだけでなく、自身の生理の症状や周期を知り、自身の身体を大切にしていくことが将来には必要だと。

10代における月経教育の大切さ

現在、日本人の平均初経年齢は12歳といわれており、中学生の頃に初経が来ることが多いとされています。

その頃、身体に変化があるのは女性だけでなく、男性も身長が伸び、体重も増え、体形もがっちりしてきます。身体が変わり、思春期を迎えていく。ごく当たり前の変化です。

恋愛を扱うドラマやマンガも目にするし、実際に彼氏や彼女ができる、ということだってあるでしょう。だからこそ、10代の時期に生理のしくみや生理が来ることの意味、男女の身体の違いをきちんと知らなければならないはずです。

少し飛躍するかもしれませんが、性行為は妊娠するための行為だということを理屈として学んだ記憶がありますでしょうか。どこか興味本位で面白半分に聞いていることもあるかもしれないし、第一に日本の性教育がそこまで徹底されていないのが現実でもあります。

性行為は、子どもを授かりたい、パートナーと子どもを育てたいと思いするものです。それから性感染症にも気をつけておかなければなりません。中には、HIV感染症・AIDS（後天性免疫不全症候群）も入ります。性行為によるこのようなリスクを減らすためにどうすべきか、なぜそれを知る必要があるのか。それはお互いの身体、こころを守るためです。生理が来たということは、身体が大人になった証拠。女性自身も自分のことを守れる知識がなければいけないし、嫌なことは嫌だと選択できる自分でいてほしい。

今でこそ、こんなことを言えるようになりましたが、自分の10代を振り返れば、まったく知識がなく、友人とのおしゃべりやマンガが情報のすべてでした。当時流行っていた少女マンガの描写から、「ピルを飲む＝妊娠しない身体になる」ということだと勘違いしていました。

そんな自分だったからこそ、今は知っていることを共有したいし伝えたい。私が20代、30代で気づいたことや知ったことをもし10代で知っていたら、もっといろんな選択ができたはずだと思うからです。

時代は変化し、世代によって情報の受け取り方も違う。私たちの世代よりも今の10代はさまざまなことを等身大でフラットに受け取ることができると感じています。生理、結婚、妊娠、出産。自身の将来の健康を守るために知っておくべきことがたくさんあります。

実際に1252プロジェクトの授業で学校を訪れ、授業をおこなう時には二部構成で実施します。第一部は男子も含めたすべての学生に向けて、第二部は本当に悩んでいる女子の希望者を集め、生理の悩みを話し合って解決策を見つけていく。

第一部は基本的な知識を伝えています。たとえば、生理は何日続くのか、生理は感《う》染《つ》るのか、など。自分ごと化をうながし、疑問に対して、楽しみながら考えられるようなコンテンツも用意しています。男子学生も積極的に聞いてくれたり、シンプルな質問を投げかけてくれたりします。

第二部を設定しているのは、困っている女子学生の大半[*20]が、生理痛や無月経といった悩みを抱えながらも「身近に相談できる人がいない」ということを一番の問題にしているからです。できれば女性の先生に言いたいけれど、部活の先生でなければ言いづらい。意を決して男性の先生に相談しても、その先生にも正しい知識がなければ対処法を提示できないことが多いです。

でも、そこで大人のほうが学生に、あなたが悩んでいるその症状にはこういう理由があるかもしれない、と伝えられていたら。相談するほうも安心するのではないでしょうか。私もかつてＰＭＳに悩まされていましたが、そもそも当時はＰＭＳという言葉自体を知らないし、今のようにスマホやＳＮＳもありません。情報は親や友人から得るぐらいなので、結局わからないままでした。

アスリートとしてコンディショニングの最低限の知識は持っていたつもりでしたが、それでも生理に関してはまったく自信がありませんでした。だから、あの頃の自分のようにまだまだわからないことで悩んでいるのだとしたら、それは生理の症状なんだ、とわかるだけで会話も変わるはずだと思うのです。
大人になれば当たり前のことも、10代の頃はわからないことばかりです。自分の国のことも、自分の住んでいる場所のことも、隣にいる人のことも知らない。でも少しずつ経験を重ねたり、知っていくことが増えたりして、どんどん新しい知識を身につけていく。若いからこそできることが、世の中には計り知れないほどにあります。
今、１２５２プロジェクトを通して、多くの10代の若者たちと接する機会が増えました。その中で、私が一番伝えたいことは一つです。

私たち大人は、一生懸命あなたたちのことを考えています。

だから大切なことは伝えたい。共有して、知識を分かち合いたい。女性のヘルスケアという言葉が必要です。将来、苦しい思いをすることが少しでも減るように。そして、一生の健康のために。それが大人の役割だと思って、私たちは伝え続けたいと思っています。

婦人科受診は風邪と同じ感覚で

「私、結婚してから初めて婦人科に行って、自分が妊娠しづらいって知りました」

元アスリートの方と会話をしていて、驚いたことがありました。

私は現役時代から婦人科の医師に診察を受ける機会があったため、20代になると婦人科を受診することは、風邪をひいて病院に行くのとまったく同じ感覚でいたからです。

では、一般的にはどうでしょうか。女性の方々に聞いてみても、どれぐらいの人たちが定期的に婦人科を受診しているかといえば、人それぞれ認識が異なるはずです。前述の会話のように、結婚がきっかけであったり妊娠・出産を希望しているけれど授かりづらい。その時になって初めて、「婦人科を受診しよう」と重い腰を上げたという人は珍しくないでしょう。

理由はいくつも考えられます。まず挙げられるのは日本の現状として、婦人科と産科を兼ねた産婦人科であることが多いこと。*21 なので、生理痛などの日頃の悩みや、今の身体の状態を知るために受診したいと思って病院を訪れると、待合室にはもちろん妊婦さんもいます。

そのような中に10代の女性がいると、「あの子は若いのに妊娠したのではないか」と見られてしまうのではないか。そう思うだけで、嫌になり、足が遠のいてしまうことが考えられるのではないでしょうか。実際に1252プロジェクトの活動を続ける中でよく聞かれるのは、「婦人科に行くのが怖い」「診察では何をされるのだろう」という声です。また、自分たちは10代だから大人と一緒の時間に行きたくないという声もありました。

他人の目が気になる気持ちもよくわかりますし、こうした背景がなくならないかぎり、特に10代では病院に行きづらいと思うのも無理はないのかもしれません。大きな大学病院などは受診後に産科か婦人科に振り分けられることが多いです。ただ、地域のクリニックでは産婦人科となっていることも多いといいます。ちなみに、私は婦人科のみ設置されているクリニックに通っています。

でも、考えてみてください。もし10代の早い時期から受診しておけば、たとえ婦人科系の病気が見つかったとしても、早く発見されたぶん早期に解決できるかもしれません。よく聞かれる文句ではありますが、早めの受診と定期的な検診で予防や対処することは十分に可能です。こういった行動が、自分の身体とこころを自分で守ることにつながります。

「恥ずかしいから嫌」と受診を避けていたばかりに、20代や30代、40代になって妊娠を望んだ時に、なかなか希望が叶わず苦しい思いをすることのほうが心配です。それだけではなく、自身の健康に関わるのです。

どちらが正しい、こうしなきゃダメという決まりはありません。それに「恥ずかしい」という気持ちは誰しもありますし、私も理解できます。しかし、自分の心身を大切にしていくためには、恥ずかしい気持ちよりも一歩先の行動を大切にしてみよう、と思ってほしい。

特に生理で悩んでいる人。毎月お腹が痛くて鎮痛剤を飲んでいたり、PMSの症状がひどくて自分ではコントロールできなかったりする人。自分だけで解決できない症状を改善するための方法を教えてくれるのが婦人科です。まずは近くの婦人科を見つけて、行ってみましょう。お話をするだけでもこれまでの固定観念が払拭されると思いますよ。

時代をさかのぼると明治時代は20代前半で結婚、出産も当たり前で[*22]、しかも出産する子どもの数も多かったそうです。一度出産して、また生理が戻れば妊娠して、と何年も妊娠・出産をする人がいることは決して珍しいことではありませんでした。

でも大正から昭和、平成、令和になった今、結婚、妊娠、出産の年齢も上がっています。仕事のキャリアを重ねることも人生の中で重要になってきています。

そして、生理の回数自体も大きく変化しています。初経の時期は人それぞれですが、一般的に今の女性は人生の中でおよそ450回[*23]、生理が来るといわれています。前章でお話ししたように妊娠の準備が整ったけれど着床せず、不要になった内膜がはがれ落ちて経血として出ていく。それが毎月毎月積み重なる中で、子宮や卵巣で子宮内膜症や子宮筋腺症、子宮筋腫などを発症する、まさに現代ならではの病気といえます。ですが、これらは原因さえわかれば予防できる。治療ができる病気でもあります。

私は27歳で現役を引退して、それから大学院へ進み、夢中で勉強をしました。当時は結婚どころではない忙しさで、周りに目を向ける余裕もありませんでしたが、気づけば同世代の友人たちから結婚、出産の報告がどんどん増えていた。

幸せのかたちは一つではないはずなのに、30代に差し掛かる頃には、結婚しないのか、出産をする気はないのか、と心配されることも増えました。気にかけてもらえるのはありがたいことですが、少しプレッシャーも感じました。

妊娠、出産は女性だからこそできる、とても幸せなものでもあります。でもそれがすべてではないと思います。そして、望むならばできるだけ早い時期に自分の身体の状態を知り、抱えている問題はないか、その原因は何かを理解しておいたほうがいい。たとえ妊娠を望まなくても自身の身体を知るのは重要だと思います。

それから私も結婚、妊娠、出産を経験しました。でもその過程の中では不妊治療をして、なかなかうまくいかずに仕事とのバランスを考えて苦しんだ時期もあります。あまりに忙しい時間を過ごしていたために排卵しにくくなる「多嚢胞性卵巣症候群」と診断されたこともありました。仕事を減らせばいい、リラックスした時間をつくろう、と思っていても難しい。それでも自分の身体と向き合って、乗り越えることができたのは真摯《しんし》に向き合ってくれた婦人科の先生方、専門家の方々のおかげでもあります。

10代の頃はなかなか抵抗があるかもしれませんが、全国で生理の課題を真剣に取り組んでいる婦人科の先生方はたくさんいます。まずは、何が不安で怖いかを自分で理解しましょう。そして家族でもいいし、先輩でもいい。誰かに相談してみてください。わからなくて困った時には、もちろん1252プロジェクトのような団体にコンタクトしてみてもよいと思います。

生理の症状や悩みは人それぞれ。腹痛や腰痛、経血量、イライラや頭痛。理由がわからずつらい思いをしたり、我慢するのが当たり前ではなく、どうすればもっと楽にできるか。症状を知り、対処することは十分にできるはずです。

生理はないほうが楽、ではない

アスリートの場合、何より課題にあがることが多いのは、無月経です。これまであった生理が3カ月以上止まっていることを指します。これは本当に深刻で、無視してはならないもの。もっと恐ろしいのは無月経という異常事態をも「競技をするうえでは、生理がないほうが楽でいい」とそのままやり過ごしてしまうことです。

通常ならば、多少のズレはあっても月経周期に伴ってやってくるはずの生理が来ない。それは決して普通ではないと思います。

無月経の原因は減量やオーバートレーニング、ストレスなどさまざまにありますが、アスリートではエネルギー摂取量（食事量）が運動によるエネルギー消費量（運動量）に追いついていない「利用可能なエネルギー不足」（Low Energy Availablity : LEA）が原因で「視床下部性無月経」になるケースが多くみられます。

この「視床下部性無月経」と「利用可能なエネルギー不足」「骨粗しょう症」と合わせて女性アスリートの三主徴と呼ばれています。また、国際オリンピック委員会は、「スポーツにおける相対的なエネルギー不足」(Relative Energy Deficiency in Sport: RED-S)を提唱し、エネルギー不足に対して警鐘を鳴らしています。

無月経による低エストロゲン状態は骨量減少や骨粗しょう症の原因となります。通常、女性は20歳をピークに最大骨量を獲得し、その後増えることはありません。つまり、10代の過ごし方が重要なのです。適切な体重やエストロゲン分泌がないままだと、骨粗しょう症や疲労骨折、骨折のリスクと向き合いながら生涯を過ごすことになってしまいます。

さらには生理や骨だけでなく、全身の臓器に影響を及ぼします。内分泌や代謝、心血管機能、骨格筋などへの影響から、パフォーマンス低下につながることが知られています。

「何かおかしいけれど、まあいいか」と思わないでほしい。その理由を知ること、そして知ったら解決するために動き出すことが重要なことであると知ってほしい。

もしかしたら同じ女性の中でも「それぐらいのことで婦人科へ行くなんて」とマイ

ナスにとらえる人や「10代のうちから婦人科なんて行くものじゃない」と誤った理解をしている人もいるかもしれません。ですが、一世代前には存在しなかったかもしれない悩みや症状が、今の時代にはあり、つらい思いをしている人たちが多くいるのです。

女性だけでなく、周囲にいる男性のみなさんもぜひ知っていただけたらと思います。特に10代は一人で決められないこともあります。そんな時、手を差し伸べられる存在になってもらいたいです。

自分の身体を知り、大切にして、相手も思いやる。そんな社会の実現に、生理も入り口の一つとして考えることができるのではないでしょうか。

◆スポーツにおける相対的なエネルギー不足 (RED-S)

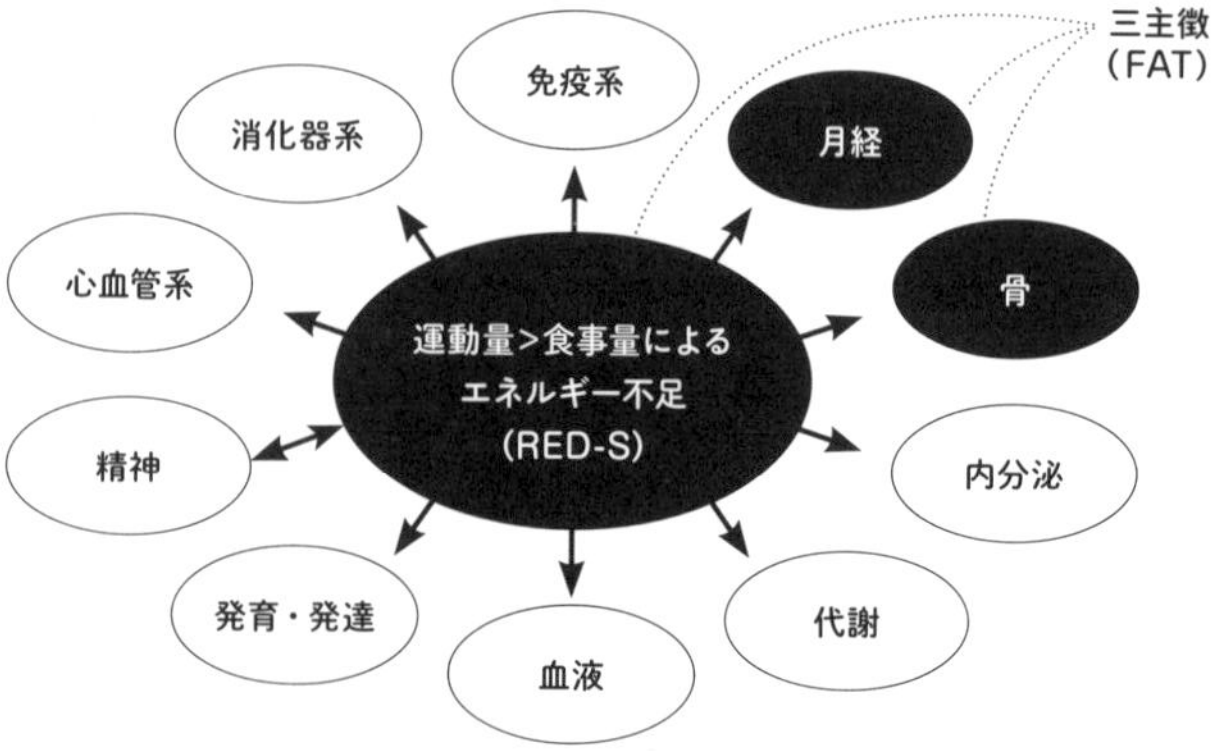

出典：Mountjoy M et al., BJSM, 2014, 48: 491-497をもとに作成

◆女性アスリートの三主徴 (Female Athlete Triad：FAT)

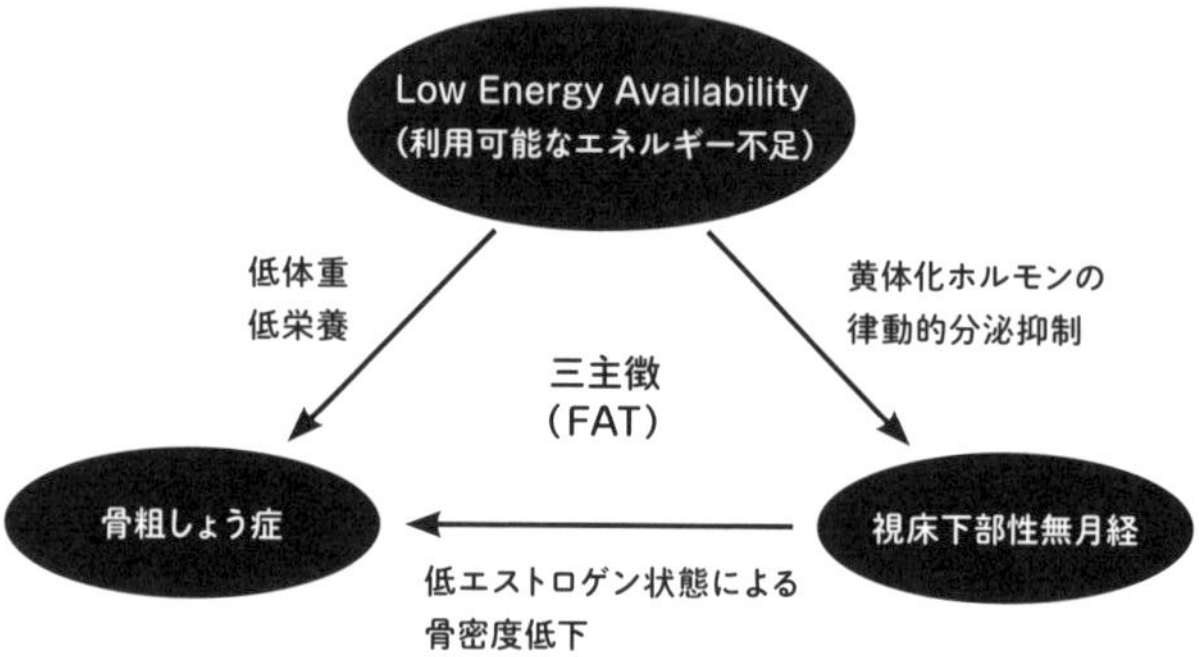

出典：Mallinson J et al., Int J Womens Health, 2014, 6: 451-467をもとに作成

◆骨量の経年変化

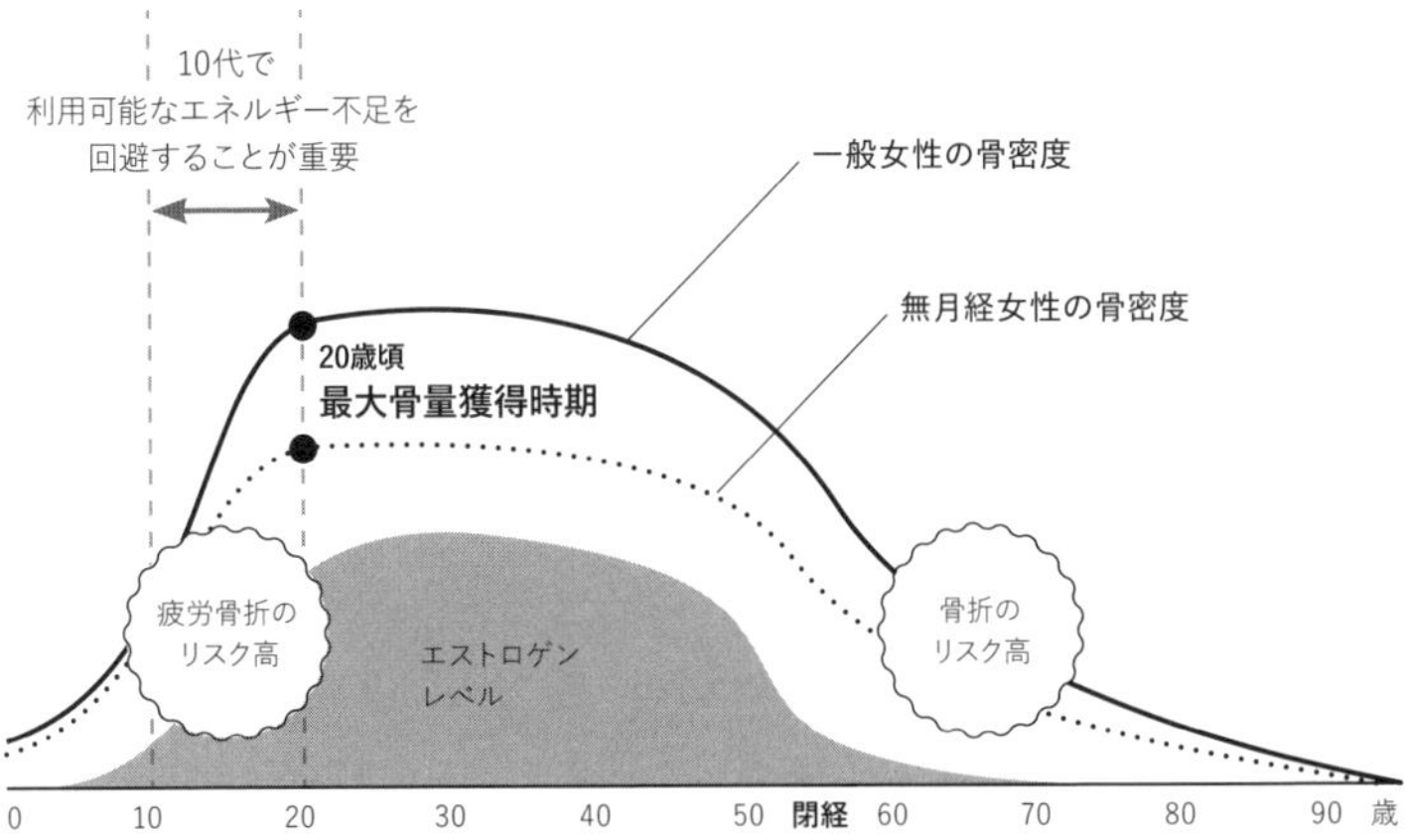

出典：骨粗鬆症の予防と治療ガイドライン、2011年度版、P.8 図5より一部改変

◆無月経のリスク

- 骨がもろくなる
- 骨折しやすくなる
- 血管機能の低下
- 脂質代謝異常
- うつ傾向
- 不妊

出典：1252PlayBook

ピルとのつきあい方

オリンピックで初めてピルを使った経験を、講演や取材などを通して伝えてきたこともあり、ピルについて聞かれることが多くあります。

何を飲めばいいのか。どうすれば自分に合うものがわかるのか。完全に専門家でなければ答えられないようなこともあれば「ピルは太るのではないか」「子どもができなくなると聞いた」と言われることもあります。

私の現役時代は、まだ選手個人のピルに対する知識以前に、国内でのピルの認知が少なかったのも事実です。以前対談した婦人科の先生から、日本にピルが入ってきたのは１９９９年、そもそもそれだけで海外とは30年以上違う、と聞いたことがあります。しかもスポーツの世界では簡単に薬を服用すればドーピングのリスクもある。わからないものは安易に試すこともできません。

初めての方にもわかるように、ここでは主に低用量ピル（ＯＣ・ＬＥＰ）についてお話ししていきましょう。日本では、避妊目的で使われる薬を「ＯＣ」、月経困難症の治療目的で保険適用で処方される薬を「ＬＥＰ」と呼んでいます。ピルと聞くと避妊薬のイメージがあるかもしれませんが、「月経随伴症状の治療薬」として効果が高く、また月経周期の調節も同時におこなうことができます。

では、なぜピルを飲むのでしょうか。

生理はエストロゲンとプロゲステロン、2つの女性ホルモンの分泌が大きく関係しているると前章でも記しました。そしてこの2つの女性ホルモンが含まれているのがピルです。ピルを内服することによって、脳がホルモンの分泌は必要ないと判断し、脳の視床下部からの指令がでなくなり排卵がおこなわれなくなります。さらに、エストロゲンの分泌量が減るため子宮内膜が厚くならず、月経周期や生理に伴う症状が変化します。

また、一般的に生理痛の要因は生理中、子宮内膜がはがれる時に分泌されるプロスタグランジンという物質の生成量が多いことと考えられ、生理痛は陣痛と同じメカニズムともいわれています。ピルを内服すれば卵巣内で卵胞を育てるエストロゲンや排卵後に分泌されるプロゲステロンが分泌されず、子宮内膜が厚くならないため、子宮内膜から分泌されるプロスタグランジンも減少します。そのため、生理痛が改善するのです。

生理痛があること自体は問題ありません。ただ、日常生活に支障をきたす生理痛の場合は治療が必要です。その他、ＰＭＳ、過多月経、ホルモン変動に伴うコンディションの変化が問題となります。

今はピルに対する知識や情報が増え、使用できる超低用量・低用量ピルの種類も増えました。知ろうと思えば知ることはできます。また婦人科で相談することもできます。私のように競技の日程を考えて、生理をずらす方法として中用量ピルを服用するのも一つですし、もっとそれ以前に生理の諸症状で悩んでいる人は、超低用量、低用量ピルを服用することで症状が軽減するだけでなく、身体そのもののコンディションが上がることもあったり、にきびが減ったりするなどの効果も見られます。

合う、合わないは人それぞれで、何が自分に合うかは専門家の診断が必要です。そして、飲めばすぐに結果が出るというものではありません。長期的な視点で自分に合うのか、合わないのかを信頼できる先生のもとで説明を受けて服用することが必要です。アスリートであれば、大切な試合から逆算してタイミングを相談するのもよいでしょう。

その過程の中で、どんな効果があるのか。どんなリスクがあるのか。今の自分はどんなライフステージなのか。自分の症状や状態を伝えながら、医師の診断を受けたうえで、飲むか飲まないかは最終的に自分で決めることが大切だと考えます。

◆さまざまな対策方法

鎮痛剤	生理痛を治療する薬。ドーピング禁止物質が入っていないか薬剤師やスポーツファーマシストに確認しましょう。
低用量ピル	年間を通した生理痛や過多月経、月経前症候群などを治療する薬。月経周期を調節するために使用するアスリートも増加中。 ＊保険適応は月経困難症のみ
中用量ピル	次の月経のみ移動する。月経随伴症状の治療には使えません。 ＊試合中のホルモン剤使用を避けるため、アスリートは月経を早めます
黄体ホルモン療法 （経口）	そもそもの経血量を減らすことで生理痛や過多月経を治療する薬。
黄体ホルモン療法 （子宮内黄体ホルモン放出システム）	月経困難症、過多月経の治療として子宮内に挿入して使用。一般的に出産経験のある女性に使われます。
漢方薬	月経痛・月経不順などの治療薬。ドーピングの観点からアスリートは使用できないので注意しましょう。

◆ピルの副作用

◎吐き気・頭痛

軽いものであれば、数日から１週間で改善することが多い。

◎胸の張り・不正出血・一時的な体重増加

服用開始３カ月以内に改善することが多い。

◎血栓症

激しい頭痛・胸痛、突然の足の痛み・腫れ等の症状が出た場合は受診しましょう。

出典：1252PlayBook

中学生や高校生だけでなく、多くのアスリートと話をする機会があり、さまざまなケースを知れば知るほど驚かされます。月経随伴症状はもちろんですが、先ほどお話しした無月経の問題は本当に深刻で、食べると体重が増えてしまうから食べ物を口に入れず、でも練習は通常通りにおこなうことも当たり前、という競技や選手もいました。

無月経といっても何をもって無月経と判断するのか。1カ月来なかったからとか、今月は周期が乱れたからといっても自分だけでは判断できません。たとえば女性アスリートがおこなう運動によって消費されるエネルギーに対して、見合った栄養が摂れていなければ、エネルギー不足が原因の前述の視床下部性無月経が考えられ、他にも18歳になっても初経がこない原発性無月経、これまであった生理が3カ月以上来ない続発性無月経があります。

健康であれば、正常な月経周期で生理が来る。それが一時的なものであれば調節できるし、痛みや病気を予防することができます。

近年は生理に関する研究も進み、月経周期とコンディショニング、トレーニングの関係性、ケガとの関連性など、多くの研究成果が上がっています。月経周期によるホ

◆婦人科で使用可能なホルモン製剤

＊2021年3月時点の情報です

種類	商品名	剤形
エストロゲン	プレマリン®錠、ジュリナ®錠	内服
	ル・エストロジェル®、ディビゲル®、エストラーナテープ®	外用
プロゲスチン	デュファストン®錠、プロベラ®錠、ルトラール®錠、ノアルテン®錠	内服
	ミレーナ®	その他
EP配合錠	ソフィア®A配合錠、ソフィア®C配合錠、プラノバール®配合錠、ルテジオン®配合錠、ウェールナラ®配合錠	内服
	メノエイド®コンビパッチ	外用
LEP配合錠	ヤーズ®配合錠、ヤーズフレックス®配合錠、ルナベル®配合錠LD/ULD、フリウェル®配合錠LD/ULD、ジェミーナ®配合錠	内服
経口避妊薬	シンフェーズ®T28錠、アンジュ®21/28錠、マーベロン®21/28、トリキュラー®錠21/28、ファボワール®錠21/28、ラベルフィーユ®21/28錠	内服
緊急避妊薬	ノルレボ®錠	内服
GnRHアゴニスト（男性は禁止）	スプレキュア®点鼻薬、ナサニール®点鼻液	点鼻
	リュープリン®注射用、ゾラデックス®／ゾラデックス®LA	注射
GnRHアンタゴニスト	レルミナ®錠	内服
子宮内膜症治療薬	ジエノゲスト、ディナゲスト	内服

出典：能瀬さやか他「Conditioning Guide for Female Athletes 2」

ルモンの変化に伴い、筋機能向上などトレーニング効果を見込める時期もある[24]一方、前十字じん帯損傷などのリスクとの関連性にも注意が必要です[25]。さまざまな情報が溢れているからこそ、正しいものをピックアップして、自分に必要な治療、またピルの活用や対処を施すために、やはり専門家による知見、エビデンスは不可欠です。

先ほどお話ししたような、将来の妊娠に影響するのではないか、という声については、ピルの服用中止後3カ月以内に90％の女性で排卵が再開することが報告されています[26]。したがって、ピルが原因となって妊娠しづらくなることはありませんし、服用することで子宮内膜症の進行を抑えるなど妊娠できる可能性を温存できるとも考えられます。

ピルを飲むといいらしい、楽になるらしい、と自己判断するのではなく、自分の症状を知るために、しっかり婦人科の先生や専門家に相談する。そうすれば、我慢するのではなく、あなたに合った解決策をきっと見つけられるはずです。

＊17　スポーツ基本法（平成23年法律第78号）前文より

＊18　まるのうち保健室「働く女性ウェルネス白書２０２２」Copyright 三菱地所・ファムメディコ・神奈川県立保健福祉大学 All Rights Reserved

＊19　厚生労働省「２０２１（令和３）年国民生活基礎調査」で、児童のいる世帯における母親の仕事の状況をみると、「仕事あり」の割合は75・９％。

＊20　１２５２プロジェクト「運動部女子学生におけるスポーツ×月経実態調査結果」

＊21　厚生労働省「令和３（２０２１）年医療施設（動態）調査・病院報告の概況」によると、産婦人科１０８３、産科２００、婦人科８６９。

＊22　速水融「明治前期統計にみる有配偶率と平均結婚年齢：もうひとつのフォッサ・マグナ」『三田学会雑誌』79巻３号、１９８６、２６５－２７７頁によると、男子：東京26・０、全国25・３、女子：東京21・４、全国21・３歳。

＊23　Short RV, The evolution of human reproduction, Proc R Soc Lond B Biol Sci, 1976; 195(1118):3–24から算出

＊24　須永美歌子「月経周期に伴うコンディションの変化はスポーツパフォーマンスに影響するのか」『女性心身医学』26巻３号、２０２２、２９４－２９８頁

＊25　能瀬さやか「月経周期と前十字靱帯損傷」『HORMONE FRONTIER IN GYNECOLOGY』24巻３号、２０１７、55－58頁

＊26　日本産婦人科学会「ＯＣ・ＬＥＰガイドライン２０１５」より

コラム3

婦人科受診は何をするの？

Q. 病院の診察が苦手です。婦人科ではどんなことをするのですか？

A. 一般的な流れは、問診→超音波検査・内診など→必要があれば採血です。

●受診前

・着脱しやすい、ゆったりとした服装で
・生理中の受診は避ける
・医師に伝えたいことや生理の状況をメモにまとめておく

●問診

・初経年齢、月経周期
・直近の月経開始日
・月経痛、月経量、月経前の不調
・性交渉経験有無、妊娠出産歴
・これまでにかかった病気
・服用中の薬、サプリ

●内診

触診：腹部にしこりがないかなどを医師が手で触って確認します。
内診：腟内から子宮や卵巣の様子、圧迫による痛みの有無を診察します。内診を避けたい場合は医師に相談しましょう。
超音波検査（エコー）：画像で子宮や卵巣の状態を確認します。超音波を発する探触子（プローブ）をお腹にあてる経腹法と、細い棒状の探触子（プローブ）を腟内に入れる経腟法があります。性行為の経験がない女性では、お腹の上からおこなう経腹超音波をします。ただし、経腹超音波では、卵巣等がきれいに描出できないこともあります。このようなケースでは、MRIをおこない子宮や卵巣等に異常がないか確かめる方法をとることもあります。

●その他検査

尿検査／血液検査／細胞診／培養検査／子宮鏡検査／MRI検査／CT検査

問診から診断までの流れを事前に知って、安心して受診しましょう。内診もはじめは緊張するかもしれませんが、適切な治療法を知るために大切な診察です。詳しくは受診する医療機関にご相談ください。

出典：1252PlayBookほか

4章
今日できる一歩が、毎日を心地よく変えていきます

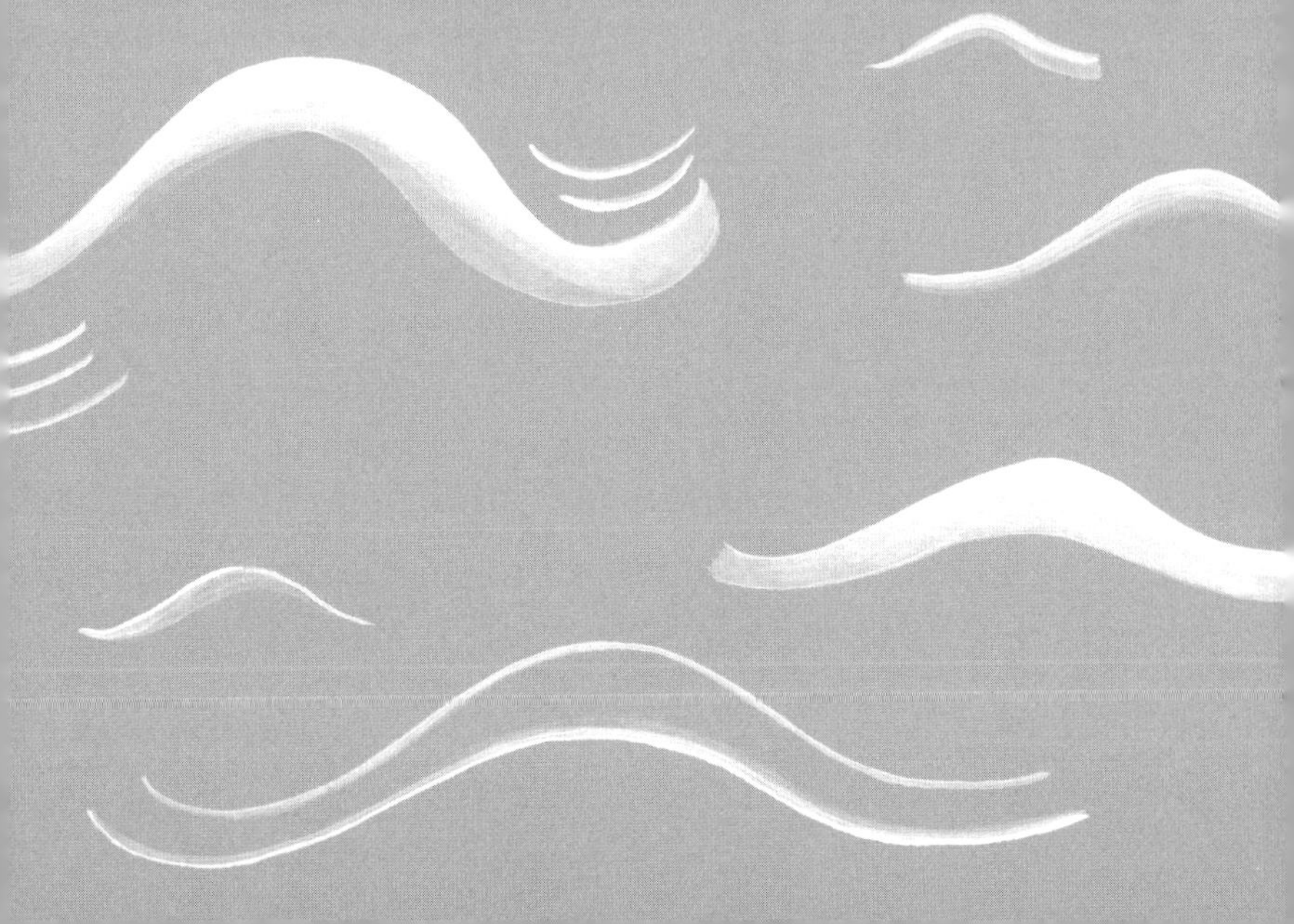

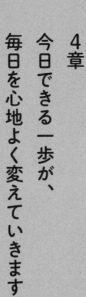

自分の言葉でシェアしてみましょう

テレビや雑誌で生理を扱っている。数年前ならば「珍しいな」と思っていたことが、ここ最近は「今日もやっているんだ」と思うぐらい、少しずつ身近な話題として取り上げられるようになってきました。

私の場合になりますが、身近な人に対しては基本的に黙っていることが苦手です。なので、一緒に生活をする家族にはできるだけ言葉にして伝えるようにしています。もちろん生理のことも然《しか》り、です。

「もうすぐ生理かもしれない」「食欲がすごくあるんだ」など、普段の会話の中で話しています。

これまでは我慢するのが当たり前、だったかもしれません。ですが、黙っていたら相手に本当のことは伝わらない。無理して我慢することで、もしかしたら「今日は機嫌が悪いのかな」とか「何か怒らせてしまったかな」と勘違いされては困る。

ただ、スポーツの世界になるとまた少し様相が異なります。競泳の練習は朝、夕方と1日2部練習もあったのですが、その日の体温や体調など健康状態をコーチやトレーナーに伝えて共有することもあります。「伝える」だけではなく「共有する」ことが重要でした。

日本もそうですし、国やチームによって全く文化は異なります。生理のみならず、単に調子が悪いのか、体調が悪いのか。その違いを知っておかなければ、コーチもその日の泳ぎを見て「今日は何かおかしいぞ」と思っても、生理の影響かどうかは気づくことはできません。

できれば、言わなくても「わかってほしい」と思いながらも、それだけでは伝わらない。だから、お互いのためにも自分のことを伝える。

簡単なようで、これが実はとても難しい。

生理に関しては1252プロジェクトのリーダーとして、さまざまな場面で発信する機会が多くあります。また最近では、毎年催される数々の団体のアワードでも、学生・部活・スポーツチームに向けた生理の教育・情報発信において表彰をしていただく機会も増えています。そういうときに感じるのは、たまたまそこで目立ったのは私たちかもしれないけれど、こうしてお話しできているのは、今日まで生理の課題をはじめ女性のヘルスケアに懸命に取り組んできた専門家の先生方がいたからだということです。そして、私たちの話に耳を傾け、興味を持って聞いてくれる人たちがいたからです。
伝える立場になって、意識してきたことがあります。特に1252プロジェクトでは10代の学生たちと接する機会が多いです。その時の立ち位置は学校の先生でもなく病院の先生でもない。生理のことやスポーツに詳しいけれども、学生の悩みに対して「良い」「悪い」の判断はしない。この人ならば信頼を持って話ができるし、真摯に話を聞いてもらえる、と思われる存在であるようにと心がけています。

なぜなら、正しいことを正しく伝えるのは簡単なのですが、伝え方次第ではなかなか届かないもの。ニュースで流れる政治や経済、金融や国際問題。専門用語だけをそのまま話されても、「何を言っているんだ?」と感じてしまう。難しいことをできるだけわかりやすく伝えてくれる専門家がいて、初めて「なるほど」と自分ごととして理解できる。遠く離れた人の話をしているのではなく、みんなの身体とこころの話をしていることがわかるように。どちらかというと伝え手として情報を「与える」のではなく、明るく楽しく「シェアする」イメージに近いです。

今の10代の多くはスマホを持っていて、大人よりもよほど自在にSNSを駆使し、たくさんの情報に触れています。生理の情報に関しても壁をつくることなくオープンに、知りたいことは「知りたい」と示してくれる。彼ら彼女たちが未来をつくっていくのだな、と思うと心強く思います。

私はたまたま彼ら、彼女たちよりも長く生きてきた経験があって、少し知識もある。だけど、一方的に「こうしなさい」と伝えるだけではなかなか届かない。より身近に関心を持ってもらえるように、YouTubeやInstagramなどを用いたり、対談形式でいろいろな人に話を聞いたりしながら、どの方法がより多くの人に届くのか。日々試行錯誤しています。


こんなことを言うのも少し恥ずかしいですが、自分だけが勝つことに興味がない生き方をしてきました。

生きている以上、自分自身を大切にできていれば、自分たちが考えた要素を周りの人にもシェアできれば、少しは社会に役に立てる。そう信じてきたことが考え方や行動のベースとなっています。

大切だと思うのは、知見をインプット・アウトプットして、いかに実際の社会においてアウトカム（成果）を出せるかどうか。もちろん、一人では到底できないことばかりなので仲間と一緒に前に進んでいければと思っています。

「伝える」ことは、実は誰でもできると思うのです。広く発信する必要などありません。前提として、お互いへのリスペクトが必要だと思いますが、まずは身近な人に自分のことを知ってもらうために、自分の言葉で伝える。きれいな言葉である必要はないし「こんなことを言ったらどう思われるだろう」とか「間違いじゃないかな」と考えることもない。直接言える、伝えられることが第一歩です。大切な身体とこころのことであればなおさらです。

友達同士、親子、夫婦、身近な人に伝えることから始め、学校の先生、スポーツの指導者、職場の先輩、上司。ただ単に自分のすべてを知ってもらいましょう、というのではなく、体調がすぐれない時はその理由もあわせて伝えられる。そんな関係性を構築してほしい。

そうはいってもなかなか簡単じゃないと思う方もいるでしょう。当然です。特にスポーツ界は、指導者が絶対的というケースも未だ多く見受けられます。

小学生や中学生のうちから競技のエリートとして同じような環境、パスウェイや空間で生きていると、その社会しか知らない。若い時代から身近な大人のトップにいるのは指導者です。そのことから、指導者の意見や考えが絶対になってしまい、自身で考え伝える経験があまりないという選手も多いです。

しかし、これは私の考えですが、若い人たちは、先人たちの記録を塗り替えていく存在であり、間違いなく過去よりも卓越性があるはずです。若い人の意見を聞く、聞ける環境をつくることも必要です。

本当は一人ひとりにそれぞれの考えや個性があるのに、閉鎖的な中に閉じ込められていると、今自分がいる環境に染まれないことがむしろ悪いことだと勘違いしてしまう。

限られた環境にいると、我慢するのが当たり前と思ってしまうのかもしれませんが、我慢するのは当たり前ではありません。もしどこかで本当に嫌だなという感情があるならば、何が本当に我慢していることなのか、未来の自分のためにもこころの整理をし、我慢している自分は今日で卒業する、という選択肢もあると思います。

あなたの近くにいて、話しやすい人はいるでしょうか。また、どのような人でしょうか。

たとえば会社の上司に直接言うのはちょっと、と思うならば、話しやすい先輩に伝えてみる。部活の指導者に言うのはためらわれるのであれば、マネージャーやトレーナー、専門家の先生でももちろん大丈夫です。スポーツメンタルトレーニング指導士や、臨床心理士の先生でもよいと思います。病院の先生や看護師の方でもいいでしょう。

自分だけでできること、環境によってできることで分かれるとは思いますが、生理で体調がすぐれない。けれど人には言いづらい。そのような時は、まず身近にいる女性同士で「今日は生理でお腹が痛い」とシェアするだけでもいい。

方法は人それぞれ、伝え方も人それぞれ。

大切なのは自分のことを言葉にし、自分にとって一番心地いい環境をつくることです。

学校や職場でできること

働く人には法律で定められた権利があります。その一つが「生理休暇」です。

労働基準法第68条で定められている法定休日で、生理日の就業が著しく困難な女性が休暇を申請した時は、その者を生理日に就業させてはならないとあります。しかし、実際にこの生理休暇を取得したという人は、厚生労働省の調査によるとわずか1％未満だそうです。[*27]

せっかく与えられた権利があるのに、なぜこれほどの数字に留まっているのか。いくつも理由は考えられますが、大きな一つが生理が個人的なことだからです。その先には、他の人に言うことではないという認識であること。つまり「自分が生理だと周りに知られたくない」と思う人が多いということではないでしょうか。

学業や仕事に支障が生じるほど痛みがある。体調が悪いのだから休むこと自体は何も後ろめたいことはないはずです。でも理由が生理だと少し違う。いくら以前と比べてオープンな話題として取り上げられるようになってきたとはいえ、やはりまだ根底には「言いたくない」「知られたくない」という悩みも存在します。

生理時は痛みなどの症状だけでなく、経血も女性にとっては大きな悩み。1日目や2日目、3日目ぐらいまでは経血量が多く、座っている時間が長くなると「漏れていないか」と不安になることがあります。本来ならばこまめにトイレへ行って生理用品を交換するのが一番望ましいのですが、授業や仕事の内容によってはなかなか行けないこともある。大人になって、自分の周期や経血量がわかれば、経血量が多い日はナプキンとタンポンを両方つけるなど、自分に合った対処法も見えてくるのですが、10代の頃はなかなか難しい。競泳は水中の競技なので、経血が漏れても見えにくいのですが、他の競技ではウェアにまで漏れてしまった、ジャージに経血がついてしまった、という経験をした人も多くいるはずです。

経血は我慢したり、止めたりできるものではないので防ぎようがない。それに本来は身体が成長して起こる大切なことです。しかし、何となく生理＝恥ずかしい、隠したいものになっている。そんな意識が強くなるせいか、トイレに生理用品を持っていく時も、ポーチを持ち運ぶことさえ見せたくないために、服の袖で隠すなど、極力「周りに知られないように」と行動してしまう。

では、自分から公表すればいい、と言えばそうでもないですよね。学校や職場で生理のこともオープンにしようという取り組みの一つとして、自分が生理である、今PMSがつらい、といったバッジをつけて働くという例を見たことがありますが、言いやすい人に伝える環境をつくるということと、全員に向けてオープンにする、というのは少し違う。そこまでしなくても、他に解決していく方法はあるのではないかというのが私の正直な感想でした。

生理は決して特別なものではない。だから隠す必要などない。それはたしかです。でも、公に言う必要もない。むしろコンディションの一つとして「今日は風邪をひいているので体調が悪い」と言うのと同じように、「今日は生理痛で体調が悪い」と伝えると考えてください。そうすれば周りの人も「体調が悪そうだけど大丈夫かな」と気にするばかりでなく、「体調が悪いなら無理しなくてもいいよ」と声がけが生まれると思います。

女子サッカーや女子バレーなど、女子チームの監督を男性指導者が務めた際、生理を含めたコンディショニングは女性マネージャーやトレーナーなど、別のスタッフを挟んで間接的に対話をすることで風通しをよくしたと聞きました。そしてその話を聞き、なるほど、と納得しました。個々の技術を上げて戦術を遂行するように、個々のコンディションを知り、チームをコントロールする。まったく別の方向からのアプローチのように見えますが、チームがいい意味で管理された環境が整っている組織だな、と思えたからです。

監督からすれば、「なぜ、今日はいつもより運動量が少ないんだろう」と疑問を抱いた理由が、生理痛だったと聞けば、ケガや技術面の不調ではないと理解できる。「あまりにひどいなら病院へ行くように」と本人、もしくは仲介したスタッフに伝えて対処することができます。

では、同じように技術の面に当てはめて考えてみたらどうでしょう。「左側から攻めるという戦術を立てたのに、どうしてできないのか」と考えたら、実はそのための技術が追いついていなかったからだ、とわかった。それならば、必要な技術を習得するための個別のスキル練習や、ゲーム形式の練習でも、あえて左側から攻める戦術を意識させよう、と対策が生まれるはずです。

とはいえ、身体のことは最も個人的な側面であり、技術や戦術と違って、コミュニケーションをいかにちょうどいい距離感でとっていくかというのが重要です。いくら女性スタッフを介したとはいえ、指導者がその選手自身の生理の症状を理解してくれたかはわからない。単純に「コンディションが悪いから」と、チーム競技であれば、メンバーを外されるのではないかという不安。さらには、生理のことを指導者から言われたらどうしよう、という不安もあるでしょう。

先ほどの男性指導者は、マネージャーを介して得た情報を周囲に向けては一切アウトプットしなかったそうです。個人として「つらいなら少し休めよ」と声をかけることはあっても、周囲の選手に対して「あいつは生理だから気遣ってやれ」とは絶対に言わない。もちろん選手同士で誰が生理であることはわかっていたかもしれませんが、指導者がわざわざみんなに言う必要はありません。このような対応をしてくれる指導者には信頼を寄せることができそうですね。

「わかっている。けれど言わない」ということがチームづくり、組織づくりにもつながると私自身も改めて学ぶ機会になりました。

そして、人を介してでもコンディショニングの一つとして選手の月経周期を知っておく利点は他にもあります。今回例に出したのはチーム競技のケースなので、選手の数が多ければそれぞれ周期があり、症状も違う。特定の選手に合わせてメニューを変えることはできませんが、個人競技の場合は可能です。「今日は生理で身体が重そうだな」と感じたら「少し練習メニューを変えよう」と臨機応変に対応するという判断ができるかもしれません。

学校や職場で、直接伝えることに勇気がいるという人も、毎月痛みがひどくて授業や仕事も思うように参加できないという人は、信頼できる誰かを通して先生や上司に伝えてみる。間接的に話をしてもらうことも、立派なコミュニケーションです。最初は抵抗があるかもしれませんが、症状がつらいということも理解してもらえれば、婦人科を受診するための休暇を取りやすくなるかもしれない。しかも、婦人科の先生方も、婦人科を受診するのは「生活に支障がある時」と話されています。

報告を受ける側も「生理で休むなんて」と思わず、「生理とはそれだけ大切である」と理解して、寄り添う環境ができれば、より暮らしやすい学校、職場、そして社会になるのではないでしょうか。

どこからがセクハラになるの？

女性は生理があるから大変だ。いたわってあげよう。そう思ってくれるのは一人の女性としてありがたいな、と思います。

だからといって、いきなり職場で上司（男女問わず）にこんな風に切り出されたらどう感じますか？

「今日、生理だからしんどいんでしょ？」

これを生理中であってもなくても女性が聞いたらどう感じるでしょうか。「嫌な気持ち」にならないでしょうか。もしかしたら、セクハラだと感じてしまうかもしれませんよね。

しかし、生理について気遣ったほうがいいと言われているのに、「どうやって気遣えばよいのだろう」。そう感じてしまうのはよくわかります。理解したいから気遣っても、逆効果になってしまう。努力をしたところで最悪の場合、セクハラだと言われてしまう。戸惑ってしまう気持ちもわかります。

ここでは、生理の考え方を改めて一緒に知っていきましょう！　ということを、特に男性に読んでもらうことも意識してお話ししていきます。

まず「生理の日はしんどい」と決めつけるのはミスリードでもあります。人はそれぞれ、生理の症状は異なります。むしろつらそうに見えるのであれば、「生理とは言わずに」間接的にコンディションを尋ねてみるのがよいかと思います。そして原因が生理であるという声が女性から出た場合には、従業員は会社の制度や窓口を利用できることを紹介したうえで、「腹痛や頭痛、しんどい症状があって、こうしてほしいという職場に対する要望があるなら教えてもらえるかな」などと提案する。それならば、声をかけられた人は決して「セクハラ」とはとらえないはずです。

そもそも仕事もできないほどに痛みがひどい、貧血で立っていられないといった症状が出る場合、自己判断ではなく婦人科へ行ってほしいです。病院を受診したらどうか、とうながすのは決してセクハラではありません。風邪をひいた人に「病院で診てもらいなさい」、歯が痛くて苦しんでいる人に「歯医者へ行きなさい」と言うのと同じことです。

男女はお互い身体が違うので、体験しない限りわからないかもしれません。でも同じ職場で働くのであれば、男女に関係なくコンディションが悪い時に気遣うのは、同じ空間で働く、過ごすためには大切なことだと思います。あまりにつらい時には「無理しないで、病院で一度診てもらったほうがいいし、体調が悪い場合には会社の制度が使えることもあるよ」とうながすなど、その女性の健康のためのアクションをしてほしい。

そして女性側も「わかってくれないだろう」と心を閉ざしてしまうのではなく、伝え方のスキルを持つことです。たとえば、ただ単に「生理痛でお腹が痛い。苦しい」と言うのではなく、「生理痛がひどくて、普段が10段階のうち4段階の痛みだとしたら、今日は8段階に達するぐらいの痛みです」と伝えられたら、聞くほうも「それはつらい」と理解しやすい。職場に限らず、学校ならば先生や部活の指導者の方々にも共通するのではないでしょうか。

社会は変わってきたとはいえ、教育の分野やスポーツ界に目を向けるとまだまだ変化が必要なことはたくさんあります。特に学生スポーツは選手と指導者が対等ではないことが多く、話しかけることも難しいような関係も存在すると思います。「女子選手は追い込まないといけない」という話をよく聞きました。当時は「そうなんだ」と受け止めていましたが、よく考えてみればみるほど、「どうして？」と思っています。ある青年期の学生を対象にした調査によると、男性よりも女性のほうが友人との親しい人間関係を望む親和欲求が高く、信頼の共有や協調性を重視しているそうです。[*28]

さらに、科学的なフィジカルトレーニングやメンタルトレーニング、栄養指導など、専門的分野からアスリートの環境を整える意識が進む中、女子選手は追い込まなければならないという根拠はないですよね。

そして、変化が求められるのは指導者だけでなく、保護者も同じです。

教育の一環として部活動の中で競技を指導する。勝ちたい、うまくなるために技術や精神面を鍛える。今まではスポーツ界でトップアスリートになることを考えたらとにかく勝つことが第一とされていました。

時代が少しずつ変わり、今ではただ「勝つこと」がすべてではなく、勝つことを求めながらも、スポーツが持つ楽しさを大切に、自分らしく輝く人生を生きることが求められます。そのためにもコンディショニングとして生理についての情報を発信する、必要な知識を教育するという現場も、わずかですが広がりを見せ始めています。

女性がおこなうものばかりでなく、男性の指導者やトレーナーが主導でおこなうところもあります。中学生や高校生のうちからしっかり教育され、コンディショニングに対する知識や意識が向けられているチームがある一方で、保護者の方から「男性に生理の話をされたくない」と拒絶されてしまい、うまくいかなくなることもあるそうです。生理のたびにコンディションが落ちる生徒に対して病院を紹介したら「それはセクハラだ」と生徒本人ではなく、保護者の方から苦情が来たという事例もありました。

女性がおこなえば問題にならなくても、性別が異なるスタッフということで拒絶される。人それぞれ、受け止め方が違うとはいえ非常に難しい問題であるのは事実です。

だからといって、いつまでも「難しい」と言うだけでは変わりません。生理はなぜ来るのか。女性の身体に産まれ、将来妊娠するため、一生の健康のためです。最もシンプルで大切なことを伝えるのに、本来男性も女性も関係ないはずなのですが、我が子を守る親の立場からすれば、警戒してしまうのもわかります。だからこそ「男性ではなく女性の指導者（医師）にしてくれ」という声も上がってくることも多い。

だとしたら、10代の学生だけでなく、保護者も一緒に学んでもらうのも一つの手かもしれません。同じ情報を共有し、情報の「見える化」をすることで、誤解を減らしお互いの理解につなげられるのではないでしょうか。

男性にも知ってほしい。世代が異なる親世代にも知ってほしい。今はその前段階で話が終了してしまっているのが現実です。

まずは一人ひとりが生理の正しい知識を得ること。それを一人の中で留めておくのではなく近くの人とも共有する。そして「これはいい」「知ってほしい」と思うことを周りにも広げていく。一つひとつの段階があるのですが、その第一段階である指導者や上司、親といった大人たちが「知らない」状態のままで終わっていたら、前に進むことも、横につながることもありません。理論として知識を得ると、大事なことへの理解が進むという感触もあります。私たちも学んでいる最中です。

しかし、あまり知識を深めず、「生理を理解しなきゃ」と先走るから「今日生理?」といきなり尋ねてしまうことがある。それでは「なぜ、あなたに言わなければならないの?」と相手との間に壁が生まれる可能性もあります。体調はその人にとって最も個人的な部分ですから、オープンにできる人もいれば、オープンにしたくない人もいる。アプローチの仕方も異なります。

お互いにとって嫌なことはしない方がいいのは当たり前ですが、なかなか相手の立場に立てず難しい場合もあるはずです。たとえば、ニキビで悩んでいる時に不躾《ぶしつけ》に肌の状態のことを指摘されたら、男性でも女性でも不快になりますよね。自分が言われて嫌な聞き方、言い方はしない。当たり前のことですが、それこそが、お互いを思いやることにつながると思います。

男性も女性もみんな一緒に考えていく

２０２２年の国際女性デー（３月８日）を前に新聞社が実施したアンケート結果があります。国内スポーツ競技団体で、女性の理事が占める割合は全体の何％か。結果は全体の22％という数字でした。[*29]

この数字を多いととるか、少ないととるか。おそらく聞く世代によって異なると思いますが、間違いなく言えるのは世界の先進国と比べると圧倒的に少ない。２０２３年のジェンダーギャップ指数の日本の順位は、１４６カ国中１２５位でした。これは、先進国の中では最低、アジア諸国の中でも低い結果です。[*30] スポーツだけでなく政治や経済、さまざまな場所で日本はまだまだ圧倒的に男性が占める割合が高い。

生理休暇があってもなかなか取りづらい。それには上司や会社の経営者に男性が多いという背景も影響します。これはスポーツ団体も同じです。そして、そこにプラスして生理についてのとらえ方も世代による違いがあります。たとえば、１２５２プロジェクトで話をする10代の学生たちは女子だけでなく男子も関心が高く、さまざまな質問をしてくるだけでなく知ろう、知りたいという意欲を感じます。対して世代が上がると、同じような話をしても「最後まで聞いたけれど、結局生理がどんなものなのかよくわからなかった」とおっしゃる方もいます。

誤解しないでほしいのは、「女性はこんなに大変なんだからわかってくれ」ということを伝えたいのではなく「男性も女性もなく、人はそれぞれだからお互いを知り、思いやって生きていく」ということです。

男性と同じように女性も働いています。違うのは、女性には生理があるということ。メンタルにも身体にも影響する生理が、ただストレスを感じるだけの存在になるのではなく、少しでもストレスなくつきあえるような方法が検討されてきています。それは病院へ行くことから始まります。さまざまな対処法があり、個人の問題だけではありません。一人の人間として会社や社会の一員として働きながら、毎日をいかに心地よく過ごせるか。そんなことについて女性同士で話をしていると、それぞれの悩みや葛藤、折り合いのつけ方などがポンポン出てくるのですが、経験談の先になかなか進めない。「では、どうすべきか」という方法を考え、実行していくのは限度があります。

生理は女性の問題だから女性で解決していくことは大事であると思いますが、それだけでは発展がありません。男性の力が必要です。そして実際に、１２５２プロジェクトは女性だけでなく、多くの男性の力によって支えられています。

元ラグビー日本代表で「スポーツを止めるな」の共同代表でもある廣瀬俊朗さんもその一人。ラグビーという屈強なイメージが強い競技の元アスリートでありながら、引退後はスポーツの普及だけでなく教育や食など、さまざまな観点から健康に重点を置いた活動をおこなっています。

生理に対しても、最初は「知らないことばかりだった」と、わからないところからスタートした廣瀬さんも、生理について知ることは家族に対してもビジネスにおいても必要なことだと話しています。女性の身体について男性がどんなふうに知り、向き合っていけるか。積極的に学び、考え、行動、発信をされている心強い存在です。

そもそも、男性と女性は性として異なります。１９８５年に男女雇用機会均等法が制定され、権利、法のうえでは男女平等が唱えられていますが、身体は違う。平等ではないものが存在している中で、いかに平等にしていくのか。形式的なものだけでは解決できない問題がたくさんある中の一つが生理だと思います。

少し見方を変えると女性に生理があることで、妊娠、出産ができ、命がつながってきたとも言えます。つまり、すべての人たちにとって関係する大切なこと。しかしながら、当事者である女性にも意外と知られていないことが多いのが現状です。そうだとわかったら、知ることを疎《おろそ》かにしてほしくないという思いがあります。とはいえ、一人の力で何とかしよう、何とかできるものではありません。できる限りたくさんの人たちと力を合わせて、知識や経験を培《つちか》い、シェアして、できるところから変えていきたいと思っています。

隣の人を見てみましょう。

「お互い違います。だから、お互いを知るところから始めていきませんか？」

私のスタートはここからです。生理休暇をはじめ、社会のルール、現時点で十分なものもあるけれど、変化が必要なものもたくさんある。それならば男性も女性も、みんなで一緒に決めていきたいです。

なかなか広まらず、大半の人が利用していない生理休暇も考え方を変えてみたらどうでしょう。「生理休暇」という名が示す通り、「私は生理で休みます」というのは簡単なことでしょうか。それよりも広く福利厚生の面から見直して、病院へ行きやすい、たとえ休んでもサポートしてくれるようなしくみを考え直してもいいかもしれない。

会社の健康診断にプラスして、自主的に人間ドックや脳ドックを受診する人も増えています。生理も同じ。たとえば、子宮頸がん検診は多くの自治体で検診費用の多くを公費で負担しており、一部の自己負担で受けられるそうです。婦人科検診に行くことを、人間ドックや脳ドックと同じ感覚で推奨してみてはいかがでしょうか。

まずは企業独自の指標ができて、その取り組みに注目が集まれば、シェアの輪が広がっていき「うちもやってみよう」と実践するところも出てくるかもしれません。

いきなり大きな一歩を踏み出すのではなく、まずは小さな一歩から。みんなで考えて、スタートしてみませんか。

＊27　厚生労働省「令和２年度雇用機会均等基本調査」

＊28　榎本淳子「青年期の友人関係における欲求と感情・活動との関連」『教育心理学研究』、48巻4号、２０００、４４４-４５３頁

＊29「ＪＯＣ加盟団体の女性理事22％どまり　本紙が55団体調査、40％達成はわずか6団体」東京新聞 TOKYO Web（2022/03/08）：https://www.tokyo-np.co.jp/article/164269（最終閲覧2023/05/15）

＊30　世界経済フォーラム「グローバル・ジェンダー・ギャップ報告書２０２３（The Global Gender Gap Report 2023）」

コラム4

子宮頸がんは予防することができます

子宮にできるがんには、「子宮頸がん」と「子宮体がん」があります。

「子宮頸がん」は、子宮頸部（子宮の下部にある筒状の臓器。分娩時に産道の一部になる場所）にでき、比較的若い20～30歳代でも発症することのあるがんです。一方の「子宮体がん（子宮内膜がん）」は、子宮体部（子宮の上部にある袋状の臓器。妊娠時に胎児を育てる場所）にでき、50歳以上の女性に多いのが特徴です。


子宮頸がんのほとんどは、ヒトパピローマウイルス（Human Papilloma Virus：HPV）の持続的な感染が原因です。HPVはありふれたウイルスの一つで、性的な接触により性器・手指・口などを介して男性にも女性にも感染します。

HPVには100種類以上の型がありますが約15種類の型には発がん性があり、子宮頸がん、肛門がん、咽頭がんなどの原因になります。


一般的には「子宮がん検診」というと「子宮頸がん」の診断ができる「子宮頸部細胞診」を示します。細胞診とは、子宮頸部の細胞をブラシやヘラでこすって採取する検査です。

「子宮体がん」は「子宮体部細胞診」で腟から子宮に細い棒状の器具を挿入して子宮内膜の細胞を採取します。経腟超音波検査（エコー）と併用することで子宮がんのほか、子宮筋腫や子宮内膜症、卵巣がんを見つけることができます。


海外では、HPVワクチン接種が進んでいることやがん検診の受診率が高いため、子宮頸がん、子宮体がんともに減少傾向にあります。

一方日本は、諸外国に比べ検診の受診率やワクチン接種率が低いのが現状です。*

ただし、早期に発見し治療すれば治癒が望めるがんです。1～2年に一度の検診をおすすめします。

＊広報誌『厚生労働』2022年5月号
https://www.mhlw.go.jp/stf/houdou_kouhou/kouhou_shuppan/magazine/202205_00001.html

出典：能瀬さやか他「Conditioning Guide for Female Athletes 2」ほか

5章
人生のオーナーは、誰でもない自分自身

自分の身体は、自分で守る

スポーツは、「する」「みる」「ささえる」というさまざまなかたちでの「自発的な」参画を通じて、人々が感じる「楽しさ」や「喜び」を感じることに本質を持つものととらえられています。[*31]

また、トップアスリートをはじめとする、スポーツの世界はシンプルです。相手より多くポイントを獲れば勝利する。相手より速くゴールすれば勝者になる。そして、その時は「絶対に破られないだろう」と思うようなとてつもない記録も、また別の選手が次々と塗り替えていく。

背景には、時代と共に選手個人の能力が上がっていることや、より効果のある練習メニューが考えられて実践されること。さらには、コーチやトレーニングコーチ、スポーツメンタルトレーニング指導士や栄養士など、選手を支える専門家の力で医科学的なサポートも加わることが挙げられます。大きな一つのチームとして取り組んだ結果、「絶対に届かない」と思っていた目標をもクリアしていく。そういったチャレンジの繰り返しが活発であればあるほど、競技自体のレベルが上がり、認知度も増えます。そして、「自分もやってみたい」と志す次世代の選手たちへと続いていく。まさに好循環のサイクルにつながる理想的な展開です。

これはスポーツの世界だけに限ったことではありません。学校、会社、どんな場所にも当てはめて考えることができるのではないでしょうか。

組織には、長い歴史の中でつくられてきたさまざまなルールが存在します。そこには時代の変化と共に、少しずつそぐわないものも出てくる。いきなり「変えるぞ！」とひっくり返すのは難しいことかもしれません。ですが、時には立ち止まって今の時代に何が適しているかを考えてみる。みんながより過ごしやすいと思える環境のために一つずつ変化をうながしていけば、もっと良いアイデアや成果が生まれると思います。

そのような中で、より良い仕事をするためのベースとして、それぞれの健康管理は不可欠です。前章でお話ししたように、健康診断とあわせた婦人科検診の推奨も一つの策ではありますが、いきなり会社の決まりごととして、「必ず全員婦人科を受診しましょう」といってもハードルは高いかもしれません。たとえば、企業などにおいては研修プログラムの一つとして、女性のヘルスケアを学ぶことで、生理についてもみんなで知ること、考えること、そして選択していくことができるはずです。そのうえで、女性も男性も、自分の身体を自分で守るためにどんな方法がとれるか。それから一緒にどんな環境がつくれるか、と共有していくのはいかがでしょう。

そもそも人はそれぞれ違う。頭の中ではわかっていても、なかなか実際には、どこが異なって、どこが同じというのは、その場面に出くわさないと実感できないものだと思います。私はアスリートという経験がたまたまあり、挫折を味わったり、喜びを感じたり、さまざまな自分に出会ってきました。自分自身と向き合わなければならないという状況を幸せなことに経験しています。自分という人がどんな人間であるかを自分自身でわかっていないと、勝負する時に納得した決断や判断ができないことがわかっています。特に緊張した場面、「ここぞ」という場面では、自分という人間が一番大切にしているものや、自分の特性を理解しておくことなど、自分軸で選んだ優先順位がとても重要になります。

生理もそうです。自分の月経コンディションは一体どんなものなのかを知ることで、自分への自信にもつながると思うのです。たとえば、私は生理前になると気持ちが不安定になり、体重が増え、体が重くなりました。でも生理が始まれば、それまでの気持ちも体の重さもまったくなくなります。しかし、人によっては、生理前に調子がいい人もいる。他には、生理痛自体が重くなく、「生理ってそんなに大変なの？」と思う人もいるはずです。つまり、自分はどうすればいいか、自分にとってのベストは何かを考えることがまずは必要です。ベストが難しければ、ベターを探しにいく。それは、自分で考え、決めることが大切なはずです。

さまざまなことを学ぶ過程で痛感したのは、いかに自分が無知だったかということ。そして新たに知ることが増えていくたび、まだまだ知らないことがあるんだ、と今の等身大の自分を理解できました。もともと知らないことを知りたいという探究心があります。ですが、生理という一つのテーマから、まさかこれほど多くの課題や伝えたいことが出てくるとは思わなかった。

私だけでなく、現在の社会全体としても生理に対しての関心が高まり、議論のテーマとして扱われることも増えました。そうなれば、「どの情報が正しいの？」と思うのも自然な話だと思います。

たとえば、「生理は感染《うつ》る」という話は聞いたことありませんか？　これには科学的根拠はなく、正しくは人それぞれのサイクルでやってくるので感染《うつ》りません。あるいはアスリートであれば「生理が止まったら一人前」という人もいます。これまでお話ししてきたように無月経は身体からのＳＯＳが発せられている状態です。

　このように、世の中には正確であるとはいえない情報もあります。誰でも簡単に情報を提供し、知ることができる便利な時代になりました。もしかすると、尋ねた相手が間違っている情報を伝えているかもしれません。その情報が大きく拡散されていたとしても、正しいかどうかは確実にはわかりません。わからないことを「わからない」と言うのは少しも恥ずかしいことではありません。あやふやな情報に振り回されるのはもったいないですし、そのために専門家の先生方がいます。

　競泳の選手が「もっとタイムを上げたい」と思う時、どんな方法があるかを尋ねる相手はコーチです。自分にはどのようなトレーニングが必要で、どんな強度や頻度がいいのかを教えてくれるのはトレーニングコーチです。会社でも、業務内容がわからず何をすればいいか尋ねるのは、まずは同じ職場にいる人であるはず。信頼のおける人から返ってくる答えなら、なるほどと納得できるものですよね。

　学校も同じであるはずです。授業はそれぞれの科目を専門とする先生が教えてくれます。同様に、生理や自分の身体を守るための基礎知識を得たり、婦人科系の病気などから自分を守るためには、医学的・専門的知見が頼りになります。

　これからの人生１００年といわれる時代は、自分で自分の身を守る知識は特に必須です。何か問題が生じた時に慌ててインターネットで調べたり、ニュースなどを見たり、部分的な情報ばかりを得るだけでは本当の意味で「知る」ことはできません。女性でなくても生理のしくみを知るだけで、広がる世界がある。怖いのは、わからないことを、わからないままで終えてしまうことなのです。

今日から始めるセルフコンディショニング

最初は誰もが「わからない」。でもそこから「わかる」に変えていく。一つひとつ知識をつけて共有していくことはもちろんですが、まずは生理をはじめ自分自身のことをよく知るためにできる簡単な方法があります。

まずは自分の最終月経と月経周期を知ることです。これは婦人科受診の際に必ず聞かれる項目でもあります。最終月経は「一番最近の生理が始まった日」。月経周期とは「前回の生理が始まった日から、次の月経開始前日まで」のことです。最近は月経周期を簡単に入力できるアプリもさまざまなものがあります。

もっと月経周期とコンディションの関連を知りたい方には基礎体温の計測もおすす

めです。

朝一番、目が覚めて寝たままの状態で舌の下ではかった温度を、基礎体温と言います。女性の中には毎日記録をつけている人もいるかもしれませんが、基礎体温をグラフにしたものを基礎体温表といい、数カ月続けることで自分の身体できちんと排卵が起きているかなどその人なりのメカニズムが見えてくるものです。

面倒だと思う方もいるかもしれませんが、わざわざ「生理のため」と特別に考えるのではなく、自分の体調を知るために毎朝起きたら体温をはかる習慣です。今は生理の症状が安定していたとしても、月経周期を把握しておくことは有用で、将来妊娠を希望する時にも役立つはずです。

先ほどのデータに体温を重ねれば、どのぐらいの時期になれば体温が上昇する、下降するというリズムも把握することができます。月経期間だけでなくその前後、排卵時期によって自分の体調がどんな風に変化しているか、というところにつなげて考えることもできます。生理がいつから始まって、いつ終わったのか。それに経血量や痛みの度合いなどを入れ、データが蓄積されていけば、自分の周期と体調の関係が目に見えてわかるようになります。

加えて、私がおすすめしたいのは「書く」ことです。ある婦人科の先生も書くことを推奨されていましたが、女性に限らずどなたにも試していただけると思います。

日常生活での体調の変化や、気持ちの浮き沈み。自分の言葉でメモにしておくだけでもあとから見返せば立派なデータとして役立ちます。もともと日記をつける習慣がある人ならば簡単だと思いますが、書くこと自体が苦手だったり、毎日続けるのがしんどいと思う人もいるでしょう。無理することはありません。できる範囲でＯＫです。

たとえば、最初は「1カ月日記」と期間を決めて、体調の変化や気持ちの変化を素直な言葉で記してみる。

●月●日　頭が痛かった。熱は●度、平熱。気持ちの浮き沈みは特になし。

●月△日　ささいなことでイライラした。少しお腹が痛い。

はじめはこれだけで十分です。1日のうち1分でも2分でもわずかな時間で構いません。「今日の自分はどうだったかな」と振り返って書き残す。この「書く」という単純作業がメディテーションにもつながるのも魅力の一つ。入浴後や就寝前など、一番リラックスできる時間に自分と向き合うメディテーションタイムを設けてみてはい

◆自分の月経周期とコンディションの変化を書いてみましょう

コンディショニングシート		月　　日
基礎体温　　℃	体重　　kg	月経　有・無
主観的コンディション（体）　1　2　3　4　5		
主観的コンディション（心）　1　2　3　4　5		
メモ		

出典：1252PlayBook

◆基礎体温の例

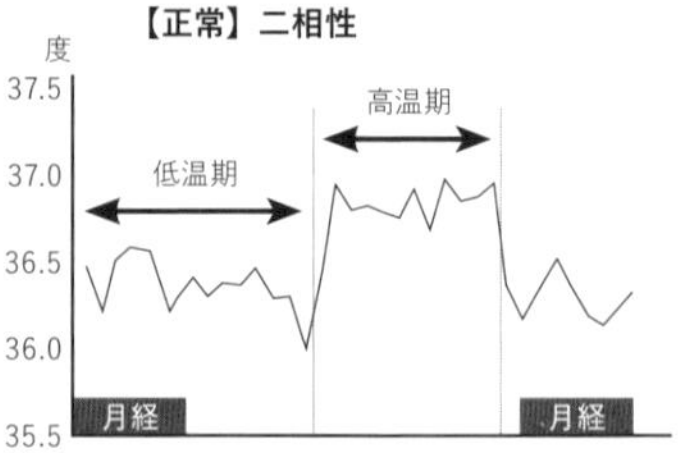

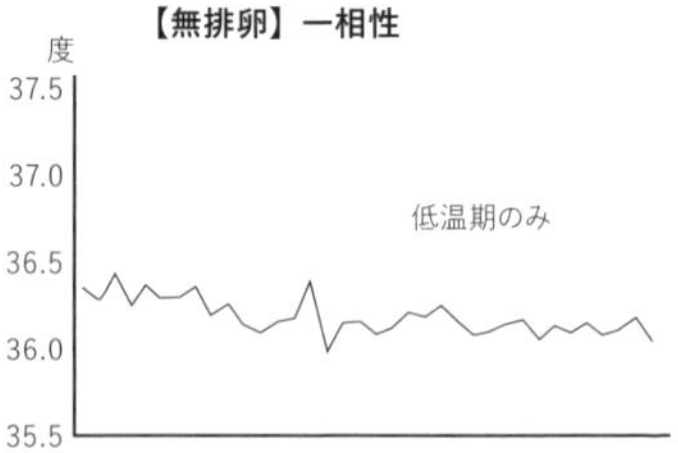

高温期は低温期に比べ、
基礎体温が0.3〜0.5℃前後上昇する

出典：能瀬さやか他「Conditioning Guide for Female Athletes 1」

◆月経周期の中で主観的コンディションが良い時期

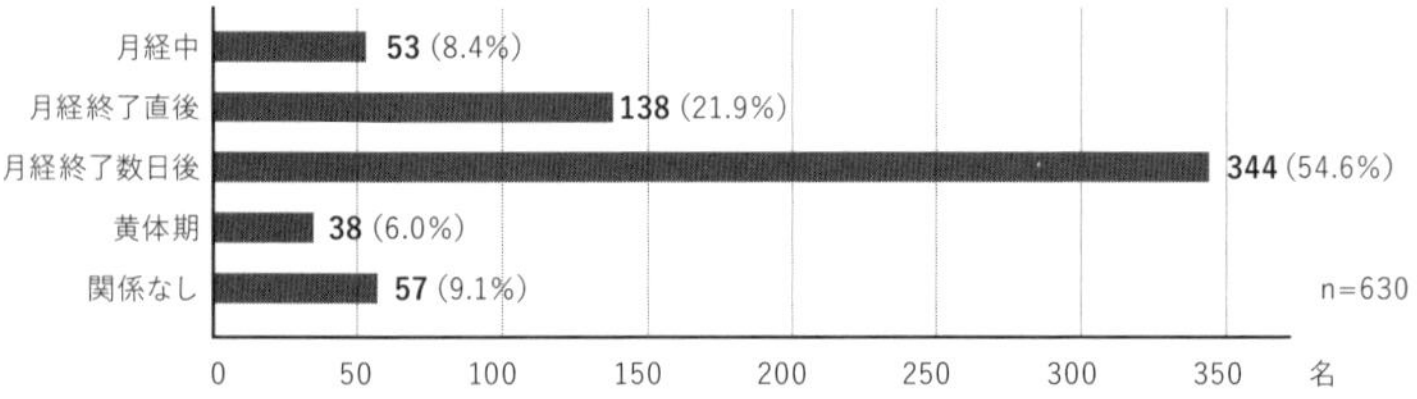

出典：能瀬他、日本臨床スポーツ医学会、2014

かがでしょう。

まずは1カ月、さらに2カ月、3カ月と継続していくことで自分自身の体調の変化や気持ちの変化が可視化されます。ノートに書くことで、その日一日の気持ちの整理が自然とできる。素直な自分と向き合うことで、今の自分のことが前よりもっとわかってくるはずです。

まずはお試しでやってみる。その心持ちで十分です。気負うことはありません。もしかすると、書くことが習慣になると、メモをする項目を増やしてみようという気持ちが芽生えてくるかもしれません。私はあえて線が引かれていないノートを選び、月経コンディションだけでなくいろいろなことを書いています。「今日は大きくバーンと書きたい」と思うこともあれば、無意識に文字が小さくなっていることもあります。文字の大きさだけでなく、書く内容も1行だったり5行だったり、ささやかな変化を見返すだけでも面白い。時に「この時はこんな気分だったんだな」と振り返れば、明日からの新たな自分につながっていくはずです。

これは月経コンディションなど心身の健康を、自分で「わかる」ための方法ではありります。しかし、これからは個人の幸せや生活の質の向上も求められる。もっと「個」に焦点があたる時代になっていくと思います。

どんな時に自分が幸せで、どんな時に自分が嫌な気持ちになるのか。慣れてきたら、毎日「書く」だけで、自分の気持ちを整理するだけでなく、やがて自分発信の気持ちから「私はこうしたい」と選べるようになることにつながるかもしれません。

毎日5行。それならできそうでしょうか？　自分だけのオリジナルデータと、大切な身体とこころに真摯に向き合う時間をつくってみるといいかもしれません。

これからの人生をより良く生きるために

現役時代は「タイム」や「順位」「成績」といった数字という目に見える目標に向けて泳ぎ続けた日々でした。

そして今、1252プロジェクトやさまざまな活動を通して、生理についての正しい知識や専門性をもった情報を提供する。目に見えない領域を定着させるべく、活動しています。プロジェクトが立ち上がって約2年。もっともっと多くの方に伝えたい、届けたいと思いながらも十分に届けられていないところがあります。おかげさまでこれまでさまざまなメディアに取り上げていただきましたが、より多くの人たちに届けていくにはどんな方法があるのか。まさに模索の日々です。

目指すのは、同じ志を持った多くの人たちに参画してもらって、たとえ私たちの団体がいなくても、もっとさまざまな領域とつながり、日本のすみずみまで相互理解の輪を広げていくこと。

今、私たちは10代の頃から婦人科を受診し自分に合った対策を見つけましょう、と推奨しています。しかし、首都圏、大阪、名古屋、福岡といった都市部を離れて地方になると、婦人科の先生もスポーツのことに詳しい先生ばかりではありません。生理に対する情報や取り組み方に差があるのも現実です。

「相談できない」「学ぶ場がない」と思われることなく、必要とする方々に届けられるように、今後はさまざまなツールを用いて自分自身の知識を向上できるようにしていきたいと考えています。

これらの活動がきっかけになり、小学校や中学校といった義務教育の中で学校医や養護教諭のみなさんの協力も得ながら生理教育の土台づくりがなされ、誰もが自分ごととして学ぶことができる。そうなれば理想ですが、そのためにはやらなければならない課題も多く、越えなければならない壁も多い。私自身もまだまだチャレンジが必要ですし、30代後半に差し掛かった今、もう一度自問します。

どう動けばよいのか。自分にできることは何か――。

まずは若い女子学生アスリートの皆さんが、スポーツと出会ってよかった、スポーツをしていてよかったと言える社会にしていきたいと考えています。つまり自分の選んだ道はこれでよかったのだと思ってもらいたいということです。

日本では「生理だからコンディションが悪かった」と思っても言う選択肢がないし、生理というワードを口にすること自体がタブーでした。それに対し、中国の選手は取材時に、「生理だったのでコンディションが悪くてタイムが落ちた」と自分の言葉で語っていた。あの時、自分が思う当たり前とはまったく違う考え方や行動に触れ、知らないままでいるのではなく知るための行動をしよう、と一歩を踏み出しました。

それから、少しずつ社会自体が変化して、生理について取り上げられる機会は増えました。

将来的には、多くの人が生理についての知識を当たり前に得られるようになり、生理もコンディションを整えるために不可欠なことだと誰もが理解することを願ってやみません。そして、毎日をもっと楽に過ごせる人たちが増えていけば、きっともっとみんなが幸せになれる。そう信じています。

私が世の中を変えるとか、社会を動かしていくんだという野心はないけれど、変えなければいけない、という危機感はある。だからこそ、常々思うことがあります。変わらない今が続く将来、子どもたちは幸せになれるのかな、と。

自分にできることは小さな一歩かもしれません。

生理を知る。正しい知識を得れば、防げる痛み、病気、後悔がある。それに自分だけが苦しいわけじゃないとわかるようになる。対処法があると知れば、自分に合う方法を選択できるかもしれない。私は少しでもこれらの力になれるような手助けがしたいし、そのためにはたくさんの人たちの力が必要です。

毎日の習慣を変えたり、新しいことに向けて一歩踏み出すのは勇気がいるかもしれません。

しかし、自分の人生のオーナーは誰でもない自分自身です。そして人生を共に歩んでいくのは、誰でもない自分の身体です。毎日の食事を選ぶのと一緒で、毎日の選択の積み重ねがその先の健康につながります。

これからの人生と生理を考える。

生理を知ることは、今の自分の身体とこころを向き合うこと。さらに自分だけでなく、人それぞれの違いを知り、お互いの理解を深め合うこと。そして、これからの人生を考えること。

より良い未来に向かって共に歩んでいきましょう。

＊31　スポーツ庁「第3期スポーツ基本計画」

おわりに

この本では、「人生」「生理」というキーワードと共にお話ししてきました。私自身の人生を振り返る機会にもなり、今までほとんど明かしてこなかった幼少期からの経験も多くあったと思います。

これまでお話ししてきたとおり、みなさんは一人ひとり異なる存在です。私たちが1252プロジェクトを通じて月経教育をおこなっていく中でも、大事なこととして伝えているのは、自分を知り、自分を大切にしていくこと。そして、私たちは大きな社会の一員であるということです。

ひとは一人であり、一人ではない。また、自分自身を大切にしていくと共に相手への思いやりが重要だと、「人生」「生理」を通して感じてきたからです。

最初は何をするにも手探りだったところから活動を始めて数年、今も日々新しい課題に直面しています。ですが私たちは、10代への普及・啓発が必要だと考え、今すぐできることから行動し続けています。

もちろん、10代のみなさんだけでなくこれまで学ぶ機会がなかった大人の方にも、ぜひ知っていただきたいと思っています。

すでにお伝えしたとおり、初経が始まる12歳くらいから20歳になるまでの女性における骨の成長は、この先の人生の健康においてもとても重要です。そして、そこには生理が正常にあることが大きく関わってきます。

今は生理用品ひとつにしても、さまざまな対処法の情報が手に入りやすく、自分で選択できる時代になりました。

しかし、10代はあっという間でとても貴重な時間。この大事な時期に生理の大切さや正しい知識を伝えるには、やはり大人のサポートが必須です。もっと大人が子どものことを真剣に考える必要があると思います。

保護者だけでなく学校の先生や、婦人科など専門家の先生。スポーツ現場であれば、指導者やチームスタッフ。他にもチームメイトや友人などが子どもたちの成長に関係しています。

実際に活動をする中で、生理は「そういうものだから」という声を聞きます。大変であることが普通、我慢することが普通、私は生理痛がそこまでないしよくわからない……そんな言葉を聞くたびに、できることはまだまだあると感じます。

みなさんには、まずは知ること、そして毎日の中でできることから始めることをおすすめしたいです。この本に書いている基本的な生理の知識を得ることからでも、毎日の選択をちょっと自信のあるものにしていけると思いますがいかがでしょう。

私も生理について知ることで、自分自身の身体やこころのことがわかるようになり、これまでよりも人生が楽に心地よくなったと感じています。


広く世界を見渡すと、さまざまなバックグラウンドや考え方をもった人びとが共存していることがわかります。生理についてもそうで、人それぞれ症状が違い、時に繊細で個人的な話でもあるからこそ、医学的知見のほかにスポーツ心理学やコミュニケーションなど、さまざまな分野の専門性をもったアプローチが必要だと感じています。

とはいえ、まだ生理の課題解決への道のりは始まったばかりです。この社会が少しでもより良い方向に進んでいけるように、これからも仲間と共に一歩一歩、丁寧に歩んでいけたらと思っています。

最後に、この本についても到底一人ではつくることはできませんでした。多くの先生方に専門的な観点からご助言いただき、出版に向けてご協力いただきましたこと心より感謝申し上げます。
また、この本を一緒に生みだしてくださった田中夕子さん、山川出版社のみなさまにも厚く御礼申し上げます。

これからのみなさんの人生が素晴らしいものになることを願って。

２０２３年初夏

伊藤華英

参考文献

能瀬さやか他「Conditioning Guide for Female Athletes 1 ―無月経の原因と治療法について知ろう！（改訂版）」東京大学医学部附属病院 女性診療科・産科、２０２１
能瀬さやか他「Conditioning Guide for Female Athletes 2 ―月経対策をしてコンディションを整えよう！（改訂版）」東京大学医学部附属病院 女性診療科・産科、２０２１
能瀬さやか他「Health Management for Female Athletes Ver.3 ―女性アスリートのための月経対策ハンドブック」東京大学医学部附属病院 女性診療科・産科、２０１８

＊本書に出てくる所属・肩書等の内容は刊行時点のものです。

スポーツや教育現場でのチェックリスト

□生理痛で寝込んでしまう

□練習や学校を休むことがある

□生理痛で痛み止めを飲んでも効かない

□痛み止めを使う量が増えている

□年齢が進むにつれて、生理痛がひどくなっている

□経血量が多い（血のかたまりが出るなど）

□生理前にイライラや気分の落ち込み、憂うつになる

□生理前にむくみや体重増加などコンディションに影響が出る症状がある

□重要な試合に合わせて生理をずらせるか相談したい

□15歳になっても初経がきていない

□月経周期が不規則である

□3カ月以上、生理が止まっている

1つでもあてはまる人は、婦人科医に相談しましょう。

出典：能瀬さやか他「Health Management for Female Athletes Ver.3」

✓ 自分の生理を知るためのチェックリスト

□月経周期が24日以下

□月経周期が39日以上

□月経期間が２日以内

□月経期間が８日以上

□多い時でも1日にナプキン１枚で足りる量

□夜用のナプキンを1〜２時間ごとに交換

□レバー状の血の塊が出る

□起き上がれないほどつらい

□毎月痛み止めを飲んでいる

●生理前の身体的症状をチェックしてみましょう。

□お腹が張る・痛い

□頭が痛い・重たい

□腰が重い

□胸が張って痛い

□眠くなる

□食欲が増す

●生理前の精神的症状をチェックしてみましょう。

□イライラする

□怒りっぽくなる

□落ち着きがない

□憂うつになる

出典：1252PlayBook

■ **Grobal DRO JAPAN**
使用する薬がドーピング禁止物質かどうか、検索できる。
https://www.globaldro.com/JP/search

■**日本アンチ･ドーピング機構**
最新のアンチ･ドーピングに関する情報が入手できる。
https://www.playtruejapan.org

■**スポーツファーマシスト**
最新のアンチ･ドーピングの知識を持った薬剤師に直接問い合わせをすることができる。
https://www3.playtruejapan.org/sports-pharmacist/search.php

■**日本スポーツ協会（JSPO）女性スポーツ委員会**
女性のスポーツ参加を促し、より公平なスポーツ文化を確立するために活動している。
https://www.japan-sports.or.jp/women/tabid1333.html

■**日本パラリンピック委員会（JPC）女性スポーツ委員会**
女性パラアスリートの国際競技力向上に向けた啓発活動や支援をおこなっている。
https://www.parasports.or.jp/paralympic/jpc/womens.html

■**日本産科婦人科学会**
女性の健康のために、一般向けの産科・婦人科に関わる情報発信もおこなっている。
https://www.jsog.or.jp/modules/citizen/index.php?content_id=1

■**女性の健康推進室 ヘルスケアラボ**
厚生労働省研究班による、すべての女性の健康を包括的に支援するためのサイト。
https://w-health.jp

■ **JECIE 子宮内膜症情報ステーション**
子宮内膜症や月経困難症に関する情報を発信している。
http://www.jecie.jp/jecie

■**アス食もんしんナビ**
運動量や食事内容などを入力すると、不足している栄養素や量を確認することができる。
https://www.yumekobo.jp/product/asumonnavi

もっと生理を知るために役立つウェブサイト

■スポーツを止めるな「1252プロジェクト」

女性アスリートが抱える「生理×スポーツ」の課題に対し、トップアスリートの経験や医療・教育分野の専門的知見を持って向き合う教育／情報発信プロジェクト。
https://spo-tome.com/1252-top/
Instagram：@1252project

■スポーツ庁「女性アスリートの育成・支援プロジェクト」

ジュニア層を含む女性アスリートが健康にハイパフォーマンススポーツを継続できる環境を整備するために、女性が抱える健康課題等を解決するための実践プログラムや、医・科学サポート等を活用した支援プログラムなどを実施する。また、女性の視点とアスリートとしての高い技術・経験を兼ね備えた女性エリートコーチを育成するプログラムを実施する。
https://www.mext.go.jp/sports/b_menu/sports/mcatetop07/list/1411047.htm

- **日本スポーツ振興センター（JSC）女性アスリート支援プログラム**

  女性アスリートの国際競技力向上のための医・科学サポートを実施している。
  https://www.jpnsport.go.jp/hpsc/business/female_athlete/program/tabid/1329/Default.aspx

■東京大学医学部附属病院女性診療科・産科　女性アスリート外来

女性アスリートに関する調査研究をまとめた冊子や中高生女性アスリート向け動画、オンラインセミナー、アスリートとの対談などさまざまな情報を配信。
https://w-health.jp/femaleathletes/index.html

■女性アスリート健康支援委員会

女性アスリート、そしてすべての女性のために、産婦人科受診体制の構築と産婦人科疾患の啓発を行う。産婦人科医向け講習会の実施、全国産婦人科医検索システム等を提供。
http://f-athletes.jp/

■日本スポーツ協会

公認スポーツドクター、公認スポーツデンティスト、公認スポーツ栄養士などスポーツに関する専門家を検索できる。
https://www.japan-sports.or.jp/coach/DoctorSearch/tabid75.html

■日本スポーツ栄養学会

スポーツ栄養に関するセミナーの情報を入手することができる。
https://www.jsna.org/

■日本スポーツ精神医学会

アスリートの精神的な問題に精通している医師を検索することができる。
https://www.sportspsychiatry.jp

伊藤華英
（いとう はなえ）

元競泳日本代表／一般社団法人スポーツを止めるな理事（1252プロジェクトリーダー）

1985年生まれ。日本大学経済学部経済学科、早稲田大学学術院スポーツ科学研究科を経て、順天堂大学大学院スポーツ健康科学研究科精神保健学専攻博士後期過程修了。博士（スポーツ健康科学）。

ベビースイミングから水泳を始め、2000年日本選手権に15歳で初めて出場。競泳選手として、2001年世界選手権（福岡）から女子背泳ぎ選手として注目された。100m背泳ぎ元日本記録保持者。2008年北京オリンピック、2012年ロンドンオリンピックに出場するなど日本競泳界で活躍。同年岐阜国体を最後に現役引退後、マットピラティスコーチをはじめ執筆活動や全国各地での講演会やセミナーをおこなう。sportiva「伊藤華英の For Your Smile」連載中。

公益財団法人全日本柔道連盟ブランディング戦略推進特別委員会副委員長、公益財団法人日本卓球協会理事、一般社団法人日本トップリーグ連携機構常任理事。特定非営利活動法人日本オリンピアンズ協会理事。日本パラリンピック協会運営委員。

Twitter：@hanaesty

Special Thanks

能瀬さやか（ハイパフォーマンススポーツセンター 国立スポーツ科学センター スポーツ医学・研究部 スポーツクリニック 婦人科医師）

堀口雅則（東京21法律事務所 弁護士）

田中ウルヴェ京（スポーツ心理学者）

荒井弘和（法政大学）

上林 功（追手門学院大学）

小塩靖崇（国立精神・神経医療研究センター 研究員）

協力

一般社団法人スポーツを止めるな

編集協力　田中夕子
デザイン　辻 祥江
イラスト　村田善子

これからの人生《じんせい》と生理《せいり》を考《かんが》える

2023年8月20日　第1版第1刷印刷
2023年8月30日　第1版第1刷発行

著　者　伊藤華英
発行者　野澤武史
発行所　株式会社山川出版社
〒101-0047
東京都千代田区内神田1-13-13
電話　03-3293-8131(営業)
03-3293-1802(編集)
https://www.yamakawa.co.jp
振替　00120-9-43993

印刷所　株式会社太平印刷社
製本所　株式会社ブロケード

ISBN978-4-634-15239-7 C0036